张婷婷　许　玥　著

中国文旅品牌传播创新研究

2022—2023"文旅好品牌"优秀案例集

知识产权出版社
全国百佳图书出版单位
—北京—

图书在版编目（CIP）数据

中国文旅品牌传播创新研究：2022—2023"文旅好品牌"优秀案例集 / 张婷婷，许玥著 . 北京：知识产权出版社，2024.11. —ISBN 978-7-5130-9562-4

Ⅰ . F592

中国国家版本馆 CIP 数据核字第 20242L8K14 号

内容提要

本书以品牌为切入点，以传播为主线，遴选 2022—2023 年城市及文旅领域的年度优秀案例。从品牌定位、品牌战略、传播策略、创意营销等多个角度进行整合与总结，梳理区域品牌、城市品牌、文商旅融合项目品牌、文旅 IP 开发等优质文旅传播案例的共性与特质，挖掘文旅品牌塑造的成功典范，助力文旅产业树立行业标杆，为中国文旅品牌构建新的传播主场，践行中国文化的国际化价值。

本书适合文化旅游、城市品牌、目的地营销、文化产业等研究领域读者阅读。

责任编辑：李石华　　　　　　　　　　　　责任印制：孙婷婷

中国文旅品牌传播创新研究
——2022—2023"文旅好品牌"优秀案例集
ZHONGGUO WEN-LÜ PINPAI CHUANBO CHUANGXIN YANJIU
——2022—2023 "WEN-LÜ HAOPINPAI" YOUXIU ANLIJI

张婷婷　许　玥　著

出版发行：	知识产权出版社有限责任公司	网　址：	http://www.ipph.cn
电　话：	010-82004826		http://www.laichushu.com
社　址：	北京市海淀区气象路50号院	邮　编：	100081
责编电话：	010-82000860转8072	责编邮箱：	303220466@qq.com
发行电话：	010-82000860转8101	发行传真：	010-82000893
印　刷：	北京中献拓方科技发展有限公司	经　销：	新华书店、各大网上书店及相关专业书店
开　本：	720mm×1000mm　1/16	印　张：	15.5
版　次：	2024年11月第1版	印　次：	2024年11月第1次印刷
字　数：	220千字	定　价：	85.00元

ISBN 978-7-5130-9562-4

序 一

中国的旅游市场已经步入新时代，并被赋予了多重标签。其中，最为核心且关键的是品牌的崛起——它成为中国旅游业向前发展的极其重要的驱动力，也是观察旅游业未来发展趋势的核心视角。过去，中国的旅游产品较为散乱，人们对旅游产品的认知往往停留在其原始状态或经过一定程度开发的状态。无论是前者还是后者，这种认知主要围绕旅游产品本身展开，忽视了品牌建设的重要性。从长远看，打造文旅品牌对于促进旅游业高质量发展具有非凡的意义。

品牌本质上是一种承诺。在中国的旅游市场中，诚信问题尤为突出。为何诚信会成为一个大问题？因为缺乏品牌意识。许多商家更倾向于短期交易而非长期合作。而真正的品牌则代表了一种永续经营的承诺、一种信誉的承诺、一种价格的承诺、一种快乐体验的承诺。如果能够切实做到这一点，旅游业的整体质量将得到显著提升。

品牌的核心作用在于能够创造并凸显旅游的价值优势。当前，旅游市场普遍存在"打价格战"的乱象，这种做法实际偏离了旅游业高质量发展的正确路径。建立品牌，能够引导市场发现旅游的价值优势。更重要的是，它能够将我们的日常旅游活动逐渐沉淀为宝贵的旅游资产。当旅游活动转化为资产时，旅游的永续经营便有了坚实的基础。因此，从品牌的角度出发，构建和塑造旅游市场尤为重要。

新形势下，打造优质的文旅品牌需要锤炼更多硬功夫。好品牌一定具有匠心精神，避免粗制滥造和粗放式经营，确保游客体验、产品质量及文化与自然的融合能够丝丝入扣、精致到位。建设文旅品牌更要学会与游客共创，不是简单的买卖关系。成功的旅游产品是景区与游客之间共舞的过程，互动性和参与感是当今旅游体验中不可或缺的要素。同时，要具备长期主义思维，不应只着眼于短期利益，更应注重长期发展和持续经营。优质的文旅品牌构建更要注意处理好时间和空间的关系，虽然旅游通常被视为一种空间上的转移，但实际上也是时间价值的体现，将时间和空间的关系恰当地融合在一起、构建在同一个旅游产品上是非常重要的。

文旅品牌又该如何擦亮自身，破圈出海呢？从国家层面出发整合并提升旅游产品的品质，展现中国独特的文化和自然风光；站在国外游客的视角梳理旅游产品的诉求点，在对外传播上，我们要有自己的立场和高度，但诉求点一定从国外游客出发。此外，需要用人文资源与自然景观的融合达成共情，单纯讲述传统故事可能难以打动国外游客，也无法形成广泛的国际影响力，将人文资源与自然景观巧妙结合创造出能够引发共鸣的旅游体验方能行稳致远。在技术层面上，使用简洁清晰的品牌符号，提炼出一套易于国外受众识别和理解的符号体系，确保信息传递的直接性。

在品牌竞争日益激烈的当下，5D、VR、AR 等数字技术不断为文旅行业赋能。"觉醒的酿造师"沉浸式剧游、"长安十二时辰主题街区"沉浸式展览等旅游新业态被推向市场，使游客从走马观花式的"赶景点"转变为深度游览、互动式体验；甘肃省博物馆通过打造文物 IP 以唤醒博物馆品牌新动能；三星堆博物馆以古物对话中外青年，拉近历史与现代的距离；北京借助冬奥会的契机，通过"体育 + 旅游"的方式提升国际影响力；淄博以"美食 + 旅游"的组合，俘获了"特种兵"的心……

本书收录了全国 36 个优秀的区域品牌案例，书中详细介绍了各地旅游品牌的显著成就。我们不难发现这些亮眼成绩的背后存在着共同的发展规律：它们不仅站在区域发展的角度构建旅游市场的格局，如 2024 年哈尔滨文旅热的背后，实际是在振兴东北老工业基地的大背景下构建自己的旅游市场、梳理旅游思路；而且站在民生的角度去设计旅游产品和体系，当前比较热门的旅游项目多是一些接地气的富民工程、民生工程，体现出了贴近民众生活的设计理念，满足了人民对美好生活的向往，实现经济效益与社会效益的双赢。此外，政府与民间也需合力推动旅游产业的发展，值得注意的是要突出旅游产品的本质特点——距离之美产生的旅游原动力，如"南方小土豆"、冻梨拼盘等，它们的魅力来源于与游客日常生活的空间差异。这种"距离之美"是旅游产品的本质属性，能否立足于距离让美迸发出来是各地需要共同思考的课题。

在大家的共同努力下，第一本案例集已经出版，现在迎来了第二本，我们将秉持着打造文旅品牌应具备的长期主义理念不断地推出后续作品，这也是我们在旅游市场品牌建设过程中的不懈追求。本书最重要的价值是给了我们一个信息：**在中国文旅高质量发展的过程中，驱动因素众多，但"品牌驱动一切"应该成为一种共识，利用品牌来驱动旅游市场的各个要素**。作为第二本案例集，它体现了我们"久久为功"的决心，我们精心挑选了这些优秀的、亮眼的案例希望与读者分享。这些案例能够入选不仅仅是因为它们起到了榜样的作用，更重要的是这些案例也是一种提醒，提醒旅游业界的朋友们，如何在榜样引领下打造出优秀的文旅品牌。在提醒的基础上，它更是一种引导，引导中国的旅游市场健康发展。

丁俊杰

中国传媒大学教授

国家广告研究院院长

序　二

在亚马逊 2023 年发布的《全球消费趋势报告》中，提到了一个旅游新趋势——"沉默的旅行"。这一趋势是亚马逊根据欧洲整体旅游市场的数据分析得出的结论。

与国内文旅行业近年来追求的出圈和流量不同，"沉默的旅行"强调的是避开繁华的场景和喧闹的人群，逃离被手机支配的生活，转而寻求一种安静、放松且自我反思的生活方式。受此影响，欧洲一些旅游景点开始推出诸如"数字禁食""数字戒毒"及"无手机旅行"等特色产品，这些新颖的理念让人眼前一亮。与此同时，这一趋势也在亚马逊上催生了对低科技旅行产品需求的增长，如降噪产品、隔音帐篷及复古风格的宝格丽相机等。

"沉默的旅行"体现了一种告别喧嚣、回归本质的态度，同时也引发了我们的思考：究竟什么是引领旅游目的地高质量发展的长久底气？什么能够抵抗在流量驱动下粗制滥造的旅游场景？又如何解决在短期内爆火之后随之而来的迷茫与困惑？

自 2020 年起，旅游业一直在波动中前行，经历了特殊公共卫生事件的艰难与挣扎、迷茫与重建。也正是在这一年，我们推出了"文旅好品牌"，期望以品牌为核心，重构旅游价值。品牌代表的是一种回归，意味着一座城市或一个目的地应有的定力与底气；品牌倡导的是持之以恒的精神，是对旅游产品的精耕细作与匠心独运；品牌同时也是内容与创意，是应对当下不断变化的传播环境的核心所在。

大家不禁要问，什么是文旅好品牌？

"红"是不是品牌？ 有时候，传播做得好加上命运的眷顾，会造就网红景点和流量之城。但如果游客前往某个地方的唯一理由是因为它的"网红"身份，那么这往往是出于一时的尝鲜心理。这样的游客第二次还会再来吗？回顾几年前，我们可以发现，许多曾经的网红景点如今已随着潮流褪去，风光不再。追求的不应是短暂的网红效应，而是长久的吸引力——尽管"长红"几乎是不可能实现的目标，但建立长久的品牌却是可行的。如果一座城市或一个景区建立了自己的品牌，那么它必然会享受到品牌带来的持久价值和红利。

"N"个营销活动的叠加就是品牌吗？ 每一年我们征集好品牌案例，都会发现大家对于品牌的各种误解。例如，一些城市认为，一次的营销活动不是品牌，但认为 N 次的营销活动叠加就是品牌。再如，有些城市认为传播数据良好就意味着品牌建设成功。因此，他们往往向执行传播任务的媒体平台索要数据。暂且不论这些数据的真实性和有效性，实际上，品牌建设是一个系统工程，它包括品牌定位、品牌表达、营销与传播及品牌声誉等多个方面。要想让游客年年都来，关键在于产品的质量和体验，而这同样属于品牌建设的重要内容。

有好品牌就有坏品牌，坏品牌是指什么？ 如果一个好品牌可以通过多个维度来证明，如清晰的品牌定位与主张、品牌的传播力、营销力、品牌内容及产品质量等，那么一个坏品牌的特征则可能集中在单一维度上，那就是其名声很差、美誉度很低。因此，任何为了博取关注、吸引眼球而刻意制造争议话题，从而拉低城市美誉度的行为，都会导致品牌的劣化。

这本案例集分为四个板块，收录了省域及城市好品牌、国际传播好品牌、景区及博物馆好品牌、县域及乡村振兴好品牌。

那么，我们推崇的年度好品牌又是什么？

年度好品牌是指不断创新、焕新的品牌。对于一座城市来说，可能本身已经具有很高的知名度；而对于那些多年前就已经成名的老牌景区而言，运营管理团队每天都在思考如何进行创新。即便某一年的游客流量并未显著增加，只要品牌坚持创新，它仍然是我们认可的好品牌。"新疆是个好地方"正是这样一个品牌，新疆维吾尔自治区每年都会围绕这一品牌主张，创新营销活动和传播内容。"三星堆博物馆"同样也是一个不断推陈出新、创造传播奇迹的好品牌。

年度好品牌还指可以勇于跨界，从而创造文旅新品类。中国人的年度长假仅有十几天，然而人们可选择的旅行目的地却数不胜数，不仅仅限于国内，还包括国际目的地。在如此竞争激烈的市场环境中，品牌的忠诚度变得越来越低。因此，那些能够突破传统界限，借助新技术手段和新商业模式出现的品牌新物种，便成了年度黑马，也是我们关注的年度好品牌。本书中的"长安十二时辰"正是这样一个文旅商融合的新物种，通过引入强大的 IP，重新定义了文化旅游的场景，并在市场上一经推出便迅速走红。

年度好品牌还倾向于好内容与好创意。近两年来，各地文旅局纷纷以各种创意方式"卷"起来，如局长做主播、局长带货等形式的推荐层出不穷。人们常常提到的"情绪价值"，其实背后蕴含的是内容价值与品牌价值。真正的好品牌一直倡导的是长期价值，这种价值不仅体现在传播内容的精雕细琢与创意上，还体现在愿意投入精力与耐心不断打磨产品和提升体验上。本书中的"澳门美狮美高梅"案例，专注于中国传统文化 IP 的开发，以内容 IP 的开发与创意作为品牌的核心策略，围绕醒狮文化 IP 进行了全面的创意与开发。通过 IP 的方式来开发、运营及传播品牌，这是一种前瞻性的、具备价值的文旅好品牌实践。

本书的案例整理得到了蒋梦辰、谭靖霖、普开翠和高祎卿的大力支持。基于他们对案例的梳理工作，本书才能够顺利完成，在此对他们表示感谢。

如果说机会总是留给有准备的城市，那么这样的城市一定是在品牌建设上长久坚持的城市。**品牌代表了一座城市的长久价值，一个拥有成熟品牌的城市会有明确的品牌定位、独特的品牌个性、深厚的品牌文化、清晰的品牌战略及动人的品牌故事。**只有具备品牌的城市才能经受住时间的考验，跨越不同发展阶段，实现其长久的价值。而一座城市为此所付出的努力，最终也将被人们所看见。

张婷婷

中国传媒大学区域品牌与传播研究院副院长

世界城市品牌大会发起人

序 三

2023 年在澳门举办的世界城市品牌大会上，我们公布了2022—2023 "长城奖—文旅好品牌"案例征集大赛的最终入选名单，名单一经发布便在业内引起广泛关注和影响。

2022—2023 年年度大赛设立了省域及城市品牌、国际传播品牌、景区及博物馆品牌、县域及乡村振兴品牌、文旅传播创作者五个分组。自开赛以来，数百品牌踊跃报名，最终入围 50 个优秀案例。甄选、整理这些案例并非易事。

深入分析成功入围的案例，不难发现，它们之所以能够独领风骚，皆因匠心独运、巧思妙构。它们或以文化为魂，深挖本土资源的独特魅力；或以科技为翼，运用现代手段提升游客体验；或以情感为线，编织出引人入胜的品牌故事；或以跨界为桥，促进多领域的深度融合。正是这些匠心独运的举措，让文旅品牌如同璀璨的明珠，在市场中熠熠生辉。

有特色，才出众。2023 年，传统工业城市淄博凭借烧烤"灵魂三件套"（小饼、烤炉加蘸料）杀出重围，成为当之无愧的顶流，淄博市人民政府也在"进淄赶考"的活动中实现了市场有效、政府有为和社会有机的三合一；河北省稳扎稳打地深挖"这么近、那么美，周末到河北"这一品牌，拉近这个全国唯一兼有高原、山地、丘陵、平原、湖泊和海滨的省份与游客之间的心理距离；新疆，则通过一系列创意营销活动，向全国游客展示出了新疆大草原、大雪山、大森林、大沙漠等极致的生态资源，释放活力。回顾入围案例，不管是"进淄赶烤"这一现象级案例，抑或是"世界之美，尽在新疆""这么近、那么美，周末到河北"等，无不是深挖本土文化资源，打造差异化特色，展现出文旅品牌创新的无限可能与突破的坚定步伐。

衍生，焕活IP生命力。通过在商业空间内注入电视剧《长安十二时辰》IP与唐文化元素，"长安十二时辰主题街区"打造出丰富的新消费场景，重现唐朝都城长安的独特风情；美高梅则根植于本土文化，围绕岭南文化里醒目的标志之一"醒狮"首创"美狮"IP，并衍生出一系列文化、艺术、体育的旅游盛事，将历史悠久的舞狮文化与美高梅的"美狮"IP形象融合，使文化焕发新生。

《中国文旅品牌传播创新研究——2022—2023"文旅好品牌"优秀案例集》是文旅好品牌案例编撰出版第二年的产物，这不仅是对年度文旅品牌建设成果的总结与回顾，更是对文旅发展趋势的一次洞察与前瞻。

新形势下，打造优质的文旅品牌需更加注重以下几点：**一是**坚持创新驱动，不断探索符合时代潮流和市场需求的新模式、新业态；**二是**强化品牌意识，注重品牌形象的塑造与维护，提升品牌影响力和美誉度；**三是**加强文化挖掘，深入挖掘和传承地方文化的精髓，让文化成为品牌的灵魂；**四是**注重可持续发展，平衡好经济效益与社会效益、生态效益的关系，实现旅游业的长期繁荣。

期望这本书能够成为连接理论与实践的桥梁，启迪更多业者的思考与探索，更希望它能够成为推动文旅品牌建设的重要力量。

许 玥

凤凰网文旅传播总监、凤凰网旅游主编

世界城市品牌大会联合发起人

目录

第二篇　国际传播优秀案例　69

第四篇　县域及乡村振兴品牌优秀案例　183

第一篇

省域及城市品牌优秀案例

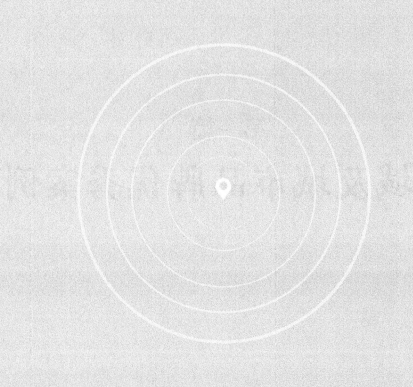

"进淄赶烤"

——淄博市城市品牌塑造与传播案例

一、案例概述

当下文旅市场竞争激烈，各地为了抢夺客源可谓是八仙过海，各显神通。在这场竞争中，一座传统工业城市凭借烧烤"灵魂三件套"（小饼、烤炉加蘸料）杀出重围，成为当之无愧的顶流。从2023年3月初开始，淄博已经"霸屏"近两个月，车票售罄、酒店订满、网红景点挤满人……当地文旅产业也因为淄博烧烤的爆火，迎来"春天"。

淄博烧烤经过独特的烹饪方式，味道鲜美，口感独特，成为淄博代表性美食的同时也俘获了众多前来淄博的游客的味蕾。除此之外，淄博烧烤火爆出圈的背后，与淄博市人民政府对流量的快速反应和积极承接密不可分，再加上游客在各个平台的自发传播，淄博的正面形象在社交媒体平台得以树立。同时，淄博市人民政府也在"进淄赶考"的活动中实现了市场有效、政府有为和社会有机的三合一，一系列有效举措彰显了人民为先、主动引导和敏捷响应的城市治理逻辑，提升了城市品牌在游客心中的美誉度。

淄博烧烤作为淄博历史悠久的文化美食之一，在此之前，中央广播电视总台的《和为淄味》、山东卫视的《至味山东》到哔哩哔哩的《人生一串》，使淄博烧烤频繁露脸，给广大网友和美食爱好者留下了深刻印象。

"进淄赶烤"的热潮，起源于大学生自发组团去淄博撸串的行动。2022年5月初，山东大学上万名学生到淄博进行集中医学观察，淄博市人民政府非常暖心地对待这些学生，当他们回到济南时，淄博市人民政府在写给学生们信中约定：来年春暖花开，欢迎大家再来淄博做客！2023年3月初，几千名大学生履行约定，3月8日，一条"大学生组团坐高铁去淄博撸串"的视频登上抖音同城热搜榜，搜索量高达525.3万次。

4月初，知名打假大V、千万粉丝博主superB太在成都海鲜市场测评，结果缺斤少两现象非常严重，一下登上微博热搜前三。4月8日，superB太发布淄博八大局市场测评视频，结果当地商家均足称甚至超量，这鲜明的对比使淄博烧烤开始现象级出圈。4月16日，淄博发布《关于规范经营者价格行为提醒告诫书》，呼吁商家严格自律、明码标价、诚信为本、珍惜机遇。4月20日，淄博发布致全市人民的一封信，提倡让利于客。4月26日，淄博文旅局发文称"五一"期间中心城区酒店已基本售罄，客流量已超出接待能力，引发朋友圈刷屏式转发。

梳理此次事件的时间线，可以看到淄博烧烤爆火出圈的三个关键节点发力主体分别是KOC（关键意见消费者）、KOL（关键意见领袖）和官方政府，三方合力互推才最终造就这样一个现象级事件。

纵观此次"进淄"赶考的文旅品牌建设过程，淄博通过优化营商环境，推出城市特色产品，并联合政府开展宣传，提升城市治理服务，最后，积极挖掘城市品牌内涵，通过讲述城市文化故事成功让淄博实现了城市的品牌化构建。淄博烧烤对于城市本身形象的带动是全方位的。伴随着淄博烧烤成为热门话题，无数网红达人接二连三地涌入淄博这座城市，包括新华社在内的中央媒体聚焦于此，淄博成功借助"进淄赶考"这一现象提升了城市的价值和知名度。淄博火出圈并非一时幸运，这背后也少不了淄博市人民政府的努力，淄博市民的热情，还有山东多年对"好客山东"的诠释。

二、品牌策略

（一）差异化定位＋口碑营销：淄博烧烤爆火背后的底层逻辑

烧烤作为全国遍地皆有的普通美食，淄博烧烤以"小串＋卷饼＋小葱"这样的灵魂吃法区别于普通的大排档，再加上"一桌一炉一卷饼"塑造出的独特仪式感，赋予了消费者更高的参与度与体验度。

与此同时，淄博市人民政府和市民也积极采取措施为游客提供便利，如加设临时停车点，新增21条烧烤公交定制专线，调整主城区42条常规公交线路以覆盖33家烧烤店，规范住宿价格，商场和影院提供夜间休息服务等。同时，由居民、机关工作人员等自发组成的数万名志愿者进入车站、社区、烧烤点，为游客提供交通、住宿、旅游引导等方面的服务。

得益于淄博市场监督管理局的超强执行力，在游客大量到来的时候，烧烤店还是保持了物价稳定，不宰客、不坑人。大数据平台以2023年1月1日至4月24日为监测周期，以1700余万条淄博相关信息为研究对象，生成网络词云图显示，"好客""热情""努力"成为评价淄博城市品格的网络热词。

纵观此次活动，淄博能够在信息过量的互联网保持长久的热度。**一方面**是美食的差异化定位吸引了众多游客，**另一方面**是淄博市政府官方及时的举措也维护了城市品牌的口碑。再一次让游客感受到，"好客山东"这一文旅品牌绝非徒有虚名，城市热情好客的人文魅力得以推广。

（二）稳抓热点＋借势营销：带火淄博烧烤的助燃剂

淄博烧烤"出圈"，依赖于短视频传播和"种草"平台。淄博烧烤的迅速走红，离不开对热点的敏锐捕捉与借势营销的高超技巧。在短视频与社交媒体盛行的今天，淄博烧烤成功利用了这些平台的传播力。短视频平台以其直观、生动、易于分享的特性，为淄博烧烤搭建了一个所有人可见的展示平台，让淄博烧烤的每一个细节都能跨越地域界限触达受众。在热点来袭时，无论是在抖音、小红书、微博、哔哩哔哩等公域平台，还是在微信朋友圈这样的私域圈子，铺天盖地充斥着淄博烧烤的相关信息，自来水视频在抖音平台的刷屏、小红书热门旅游攻略、微博上媒体的正向事件报道、朋友圈熟人晒出的打卡记录，各大平台、不同主体之间的交互传播形成了良好的联动宣传效应。同时，"种草"平台上的用户生成内容，如详尽的美食攻略、真实的就餐体验分享，也构建了一个个生动的消费场景，激发了更多人的探索欲望和打卡热情。

政府层面的及时响应与积极作为，也为这股热潮添上了浓墨重彩的一笔。在淄博爆火之后，淄博市政府层面推出了一系列"烧烤"政策，以及设立淄博烧烤名店"金炉奖"、成立烧烤协会、宣布五一举办淄博烧烤节，花费20天建成了一座烧烤城，还直接发放25万元烧烤消费券，推出烧烤主题一日游、两日游线路等。淄博市人民政府设立淄博专列，并在专列上为游客准备了精美的伴手礼。这一系列营销举措使淄博成功借助热度打响城市品牌，让游客感受到"好客山东"的热情和好客精神，进一步推动了淄博烧烤的知名度。

（三）聚焦特色＋拓展产品：达成游客体验的长尾效应

淄博烧烤的爆红，不仅是一次美食现象的短暂爆发，更是淄博城市品牌深度挖掘与全方位展示的重要契机，是淄博市人民政府对特色旅游资源深度挖掘与产品拓展的一次大胆尝试。为了将这一热度转化为持续的城市发展动力，淄博市人民政府及社会各界采取了一系列创新举措，聚焦于深化烧烤文化的特色体验，并拓展出多元化的产品与服务矩阵，以实现游客体验的长尾效应。

山东为迎接五一"进淄赶烤"的大批游客，花费 20 天建成的海月龙宫淄博烧烤体验地在 2023 年 4 月 28 日正式营业。淄博烧烤体验地占地 100 多亩❶，可容纳近万人。随着"赶烤"大军陆续抵达，数千张桌子、近万个"烤位"的淄博烧烤节上仍然一桌难求。

山东淄博市近日宣布，将于五一前后举办"淄博烧烤节"，并将在 2023 年 3 月至 11 月推出"淄博烧烤季"，打造"吃住行游购娱"各要素环节，推出一批特色文旅主题产品。据悉，这次的"淄博烧烤季"将聚焦淄博地方特色美食——烧烤，不仅有传统的烤肉串和烤鸭等美食，还有烤鲍鱼、烤龙虾等豪华食材。此外，为了满足游客的需求，还将推出"淄博美食地图"，让游客轻松找到当地的特色餐饮。除了美食，烧烤季还将推出一系列的文旅主题活动，如淄博历史文化游、淄博山水画展、淄博夜景游

---

❶　1 亩 ≈ 666.67 平方米，下同。

等，让游客在品尝美食的同时，更好地了解淄博的历史文化和风土人情。此外，为了方便游客的出行，淄博烧烤季还将推出各种旅游套餐，如"住宿＋烧烤""游览＋美食"等，让游客可以更加轻松地享受烧烤季的乐趣。据了解，淄博烧烤季将在淄博市各个景区和商圈举行。届时，游客可以在这里一边品尝美食，一边欣赏美景，享受独特的文旅体验。

此外，淄博烧烤的走红还离不开文化氛围与地域特色的深度融合。**淄博作为一座历史悠久的城市，以其丰富的齐鲁文化底蕴和好客的城市形象，赋予了烧烤这一美食更多的文化内涵和情感价值。**在这里，烧烤不再仅仅是满足口腹之欲的简单行为，游客在享受美食的同时，也在感受着这座城市的历史温度、人文情怀和烟火气息，这种全方位的体验让淄博烧烤更加深入人心，也让这座城市因烧烤而更加鲜活、更加多彩。

淄博借助"进淄赶考"吸引了大量游客涌入，不仅使淄博烧烤作为一道独特的美食火爆全国。淄博的城市品牌，也在此次活动中，得到了全面的提升，带动了城市文化、树立了城市精神。

三、传播分析

（一）传播过程

根据巨量算数指数❶，淄博在抖音上的出圈主要有两个阶段：最早的是大学生集体坐高铁去旅游，2023 年 3 月 8 日"大学生组团坐高铁去淄博撸串"登上抖音同城热搜，引起自媒体、美食博主纷纷前去打卡，在当地人

---

❶ 巨量算数指数是指一种衡量特定话题或品牌在网络上关注度的数据指标。它通常是由字节跳动旗下的数据分析平台——巨量引擎所提供的一项服务，用来帮助企业和个人了解其内容在抖音、今日头条等平台上的表现情况。

的圈子里小范围传播。第二波高潮发生在 2023 年 4 月 8 日，专门打假美食分量的博主 superB 太在测评淄博 10 家摊位时，发现没有一家店铺存在缺斤少两的情况，甚至有的店铺还"多送"，可以"免费尝"。这一视频发出后，人们纷纷夸赞当地人的实在、好客，再次把淄博烧烤推上高热度。淄博市人民政府积极推出淄博烧烤专线高铁，随后也火上热搜，被央视新闻报道。

（二）化"流"为量

场景化的短视频社交模式也体现出更高的参与性。在此次事件中，比较亮眼的一点就在于消费者的"自来水"行为，抖音平台上的大学生"特种兵"打卡视频、小红书上的烧烤攻略、微博上的九宫格晒图，UGC（用户自主生产内容）为此次事件加热起到了添砖加瓦的作用。

官方在看到烧烤走红的苗头后，积极响应，引爆热点。2023 年 3 月 5 日，山东广播电视台官方抖音发布了一条大学生占满淄博烧烤店的短视频，这条视频将淄博烧烤送上抖音热搜第一，标签为"大学生组团去淄博吃烧烤"。此后，在微博平台上，淄博烧烤话题阅读量超过 7 亿次，在抖音和快手上，淄博烧烤相关视频播放量更是达到恐怖的 105.8 亿次，小红书笔记超过 67 万篇。

在各种事件节点中，消费者的积极参与填补了官方话语的一些空白，并与官方信息相互印证，从而增强了说服力。"小饼、烤炉加蘸料"的烧烤三件套，正在成为年轻人的新晋社交暗号。截至 2023 年 5 月 12 日，抖音平台上"淄博烧烤"话题的视频总播放量超过 62 亿，两个月内 18 次霸榜微博热搜，小红书关于"淄博"的笔记达 66 万篇。而在这些社交平台上，随处可见周末去山东进行"特种兵式旅游"的大学生，以及求"五一组队"、求"烧烤搭子"的年轻人。

淄博在此次活动中，善用各大新媒体平台，以内容创意、事件营销为载体，高度调动了消费者的参与性，成功"出圈"，为城市品牌本身博得了更多关注度与美誉度。

大众点评数据显示，2023年3月以来，淄博当地"烧烤"关键词搜索量同比增长超370%，"淄博烧烤"关键词全平台搜索量同比增长超770%。淄博官方预估，"五一"期间可能有超12万人前往淄博，将创下近10年来的客流量最高纪录。实际情况是，淄博八大局市场一天的接待人数就超过了16万。"五一"假期首日，"北京南—淄博"火车票开售1分钟即售罄，"五一"期间淄博旅游订单（含酒店、景点门票）同比增长超2000%。有媒体从携程获悉，淄博首日旅游整体订单量，同比增长超40倍，相比2019年"五一"首日增长3.6倍。"五一"首日淄博酒店订单量较2019年增长近9倍，门票增长8倍。❶

毫无疑问，淄博成功通过"进淄赶考"打响知名度并火爆"出圈"，实现了在短时间内品牌影响力的弯道超车，将淄博这张城市名片发放给全国人民，"好客山东"这一深入人心的旅游品牌得以再次打响。

---

❶ 五一首日有多火？淄博旅游订单暴涨40倍，铁路单日客流达历史高峰［N］.时代周报，2023-04-29.

"世界之美，尽在新疆"

——新疆维吾尔自治区文旅品牌塑造与传播案例

一、案例概述

2020 年，全球卫生危机止住了人们出行的脚步，但这场危机既是挑战，也是机遇。2 万亿元的出境旅游消费回流，对于拥有世界级优质资源的新疆而言，迎来了前所未有的发展机遇。新疆地域辽阔、区位独特、山河锦绣，是一个可以与世界各地比美的地方。

为将原计划去往世界各地游客的注意力转移到新疆，抓住新时代的生态红利，依托新疆大草原、大雪山、大森林、大沙漠等极致生态资源，吸引高质量游客，新疆维吾尔自治区文旅厅发起"世界之美，尽在新疆"互联网营销推广活动。

在全球卫生危机暂缓及出境旅游消费回流的大背景下，"低密度 + 高质量"成为中国旅游市场的新常态。"世界之美，尽在新疆"互联网营销推广活动,成功抓住旅游消费卖点,**通过一系列的创意营销活动,向全国游客展示出了新疆大草原、大雪山、大森林、大沙漠等极致的生态资源,树立起了新疆"世界级旅游目的地"的形象,有效地激活了周边及全国市场,释放了新疆旅游消费活力。**

同时,"世界之美,尽在新疆"互联网营销推广活动深入挖掘新疆的旅拍资源及市场,通过与业内龙头爱卡汽车、铂爵旅拍、润勃生态旅行论坛等多方进行合作,促成新疆主题旅拍在20余家国内企业和平台上线售卖,将新疆的旅拍资源变现为实际的流量,形成话题到品牌再到产品的营销闭环,真正实现了产品的落地销售转化。

"世界之美,尽在新疆"互联网营销推广活动,通过新疆文旅厅官方自媒体、品牌合作方渠道、知名旅游达人、本地及全国网络媒体等多平台、多渠道进行联合宣传推广,传播覆盖总人数超过3.3亿人次。在游客端,充分展示了新疆世界级旅游资源的魅力,提升了大众对新疆旅游的好感度和向往度;同时在行业端,树立了新疆高端旅拍市场先行者和创新者的标杆形象,助力新疆高端旅拍市场崛起,推动新疆旅游产业结构整体优化升级。

二、品牌策略

（一）打造新疆特色旅游品牌,塑造目的地 IP 标签

通过创意性的话题营销、旅拍事件营销,全方位展示新疆世界级的旅游资源,将"世界之美,尽在新疆"打造为新疆特色旅游品牌,直观告知大众新疆拥有世界级的多元化美景,构建新疆"世界级旅游目的地"新形

象，打响"世界之美，尽在新疆"品牌，以品牌的力量扩大目的地知名度和影响力。

（二）话题营销，全方位展示新疆世界级旅游资源

浩瀚沙漠、苍茫戈壁、葱郁绿洲、广袤草原、逶迤雪山、湛蓝湖泊、丝路古道、民族风情、历史文化……为更好地展示新疆世界级的旅游资源，新疆文旅厅甄选了包括塔克拉玛干沙漠、阿尔泰山、赛里木湖等在内的 14 个媲美世界景观的打卡地，制作了 14 张"在新疆，遇见最美……"系列海报，通过极致的美景，强势内容种草，将新疆快速拉入大众的视野，重磅推出"世界之美，尽在新疆"话题。

借势话题上线热度，制作推出"世界之美，尽在新疆"主题创意宣传视频，动态化、立体化展示新疆的旅游资源，为大众奉上一场净化眼球的视觉盛宴，让目标客群更好地了解大美新疆，提高出行概率。

新疆文旅厅还特别邀请到新疆代表性歌舞片《歌声的翅膀》的主演及创作人——夏望、玉米提等七位艺人，作为 2020 年"世界之美，尽在新疆"新疆文化旅游公益推广人，为新疆的风景、文化、历史、运动、美食、民俗、艺术等旅游元素进行宣传推广。名人录制口播视频邀请大众来新疆游玩，并通过官方微博账号与新疆文旅厅官方微博进行互动等，借助名人营销效应，引发更多人关注新疆旅游。

（三）旅拍事件营销，树立新疆高端旅拍目的地形象

多元化的自然景观和人文风情，孵化出更多旅拍的可能性，为此新

疆文旅厅特别策划了"情定新疆"高端旅拍事件营销。联合爱卡汽车，向广大游客发出"情定新疆"的邀约，邀请游客来新疆体验一次不同凡响的旅拍之旅。邀请两对知名情侣旅游达人，开启线下主题踩线，实地体验南疆、北疆两条顶级旅拍资源的独特魅力与风采，创作优质攻略及视频，以自身流量和影响力，多渠道、多平台、多形式为用户种草旅拍线路。

同时，联合业内龙头铂爵旅拍，精心策划打造了一支"情定新疆"震撼旅拍大片，通过大场景的画面展示新疆壮美的自然景观、特色的异域风情，为游客提供更为直接、极致的视听体验，塑造、传达新疆旅拍胜地形象，激发受众到新疆旅拍的欲望。旅拍大片通过微信朋友圈进行广告投放，覆盖新疆本地，以及北京、上海、广州、深圳、天津、成都、重庆、太原、呼和浩特等核心城市，定向营销重点客群。

"情定新疆"旅拍事件营销也吸引到新疆的核心媒体、全国的重点媒体及知名旅游达人、大号的报道与转发，将活动推向高潮。同时发挥长尾效应，新疆文旅厅推出20个精选的网红旅拍打卡点，以年轻化的手绘风格海报形式，"手把手"教游客怎么拍。

（四）聚焦产品，实现新疆旅拍产品的落地和变现能力

消费升级，也对旅游目的地的产品品质提出了更高要求。除了在营销上充分造势外，新疆文旅厅在聚焦旅拍产品线路的研发和包装的基础上，推出"情定新疆"伊犁河谷之恋、"情定新疆"阿勒泰纯净童话、"情定新疆"喀什帕米尔之心三条高品质旅拍系列产品线路。

联合润勃生态旅行论坛，促成新疆主题旅拍产品在中青旅耀悦（北

京）旅游有限公司、众信旅游奇迹旅行、华程国际旅行社集团有限公司、德迈国际、无二之旅、海豚哆哆精致旅行、深圳中国国际旅行社有限公司（新景界）、高梵旅行、野去自然旅行、中国文化管理协会文化旅游专业委员会等 10 余个平台上线售卖，同时依托新疆旅游高质量发展平台企业的联合推广，目前已经有超过 20 家国内企业开展新疆旅拍产品的售卖。项目还推动铂爵旅拍在新疆积极开设门店，将新疆的旅拍资源变现为实际的流量，形成话题到品牌再到产品的营销闭环，真正实现了产品的落地销售转化，助力新疆高端旅拍市场快速向好发展，推动新疆旅游产业结构整体优化升级。

三、传播分析

由新疆文旅厅首发活动内容，联合各地市官方自媒体共同推广，同时联合爱卡汽车、铂爵旅拍、旅游达人、知名大 V、本地及全国网络媒体等多方，以多样的形式进行宣传与推广，利用不同属性平台的力量，尽可能辐射更多客群，关注新疆旅游。

此次"世界之美，尽在新疆"互联网营销推广活动，通过新疆文旅厅官方微博、微信、抖音等自媒体平台首发资讯，各地市联动推广，"世界之美，尽在新疆"话题阅读量超过 1.9 亿次，"情定新疆"话题阅读量超过 1 亿次；品牌合作方爱卡汽车拥有 1300 多万有效注册用户，铂爵旅拍拥有超 1200 万忠实粉丝；活动发布网络稿件超 436 频次；达人踩线发布超过 55 条图文、视频游记；超过 136 个知名 KOL 及大 V 发布活动信息，联合宣传推广。活动传播覆盖总人数超过 3.3 亿人次，有效地激活了周边及全国市场，释放了新疆旅游消费活力。

　　"世界之美，尽在新疆"互联网营销推广活动，在游客端充分展示了新疆世界级旅游资源的魅力，提升了大众对新疆旅游的好感度和向往度；同时在行业端，树立了新疆高端旅拍市场先行者和创新者的标杆形象，助力新疆高端旅拍市场崛起。

"丝路甘孜·川西秘境"

——甘孜州文旅品牌塑造与传播案例

一、案例概述

2020 年为学习贯彻中央第七次西藏工作座谈会上提出的"必须促进各民族交往交流交融",要"深入推进青藏高原科学考察工作""守护好高原的生灵草木、万水千山,把青藏高原打造成为全国乃至国际生态文明高地"的重要指示精神,甘孜藏族自治州(以下简称"甘孜州")着力打造"G317 高原丝路文化走廊",推出"丝路甘孜·川西秘境"文旅品牌。旨在通过对甘孜境内南方丝绸之路的历史遗存、人文古迹、自然风光、康巴文化等重要文旅资源整合,梳理古丝绸之路上经贸、人文、艺术、交通等特色发展脉络,拓展丝绸文明、民族融合等发展大视野。再现甘孜神秘又悠远的历史人文之光,探索丝绸之路文明对地域发展的多面影响。为甘孜州主动融入和推动"丝绸之路南亚廊道"及在国家"一带一路"建设发展上，提供甘孜智慧、贡献甘孜力量，加快文旅融合，以旅游促乡村振兴带动当地群众共同致富。

"丝路甘孜·川西秘境"文旅品牌以"南方丝绸之路"为历史背景，以"川西风光"为底色，以"康巴文化"为内核，以"一带一路"为重要战略规划目标。着重文旅融合，着重产品体验。深挖 G317 甘孜北线的绝美风光与厚重人文，在传统游览观光式旅游基础上以"沉浸式体验旅游"为主着重打造差异化旅游产品及地标性文旅 IP，坚持全域旅游理念和北部八县联动发展，实施"旅游精品"战略。加快打造精品景区，加快打造精品旅游产品和线路，围绕生态观光、文化体验、康养休闲、户外运动等特色精品旅游产品体系开发建设，**叫响中国最美雪山、中国最美湿地、中国最美草原、中国最美藏寨、中国最美康巴汉子等旅游名片，打造最美高原之旅、丝路甘孜之旅、国际高端野生动植物摄影之旅、格萨尔文化之旅、长征红色文化之旅等精品线路**，以点串线、以线带面，加快北部片区全域旅游大发展。

二、品牌策略

（一）整合资源创新产品，古物走进新时代

整合甘孜北线包括自然资源如墨石公园、卡萨湖、玉龙拉措、新龙红山、措卡湖等；非遗文化如炉霍郎卡杰唐卡、色达格萨尔藏戏、石渠真达锅庄、甘孜踢踏、德格印经院雕版印刷、白玉河坡民族手工艺、新龙藏药泥面具等；重点文保单位如白玉噶陀寺、德格印经院、石渠巴格嘛呢石经墙等；重点文物如洪武朝圣旨、宣德朝铜钺等；古墓葬如晏尔龙石棺葬、卡萨石棺；题刻如松格嘛呢石经城等；民族团结文物如泰宁古城、汉人寺、关帝庙等资源。

一方面，在弘扬中华优秀传统文化的时代背景下，全面系统梳理康北八县历史文化资源、总结提炼资源特质，创新重组差异化资源产品，全局谋划康北旅游带，让康北八县资源优势充分绽放。**另一方面**，破除固有文化旅游旧观念、旧方式，充分发挥网络、科技优势，在新时代找准定位，调整产业，书写出新时代康北八县发展的绝彩华章。

（二）重抓旅游市场渠道，全面提升旅游体验感

G317 高原丝绸之路文化走廊"丝路甘孜·川西秘境"品牌立足川渝，辐射全国重点旅游市场。重点针对全国旅游爱好者、民族文化爱好者、自驾爱好者、户外运动爱好者、文艺爱好者、摄影爱好者、探险爱好者及旅游相关行业协会、自驾俱乐部、旅行社、车友会、学校、企业等机构。同时着重关注旅游市场关键群体，组建"丝路甘孜川西秘境"全国旅行商联盟（包含自驾俱乐部、旅行社、旅游企业、OTA 平台、旅游领队博主等），以政策福利扶持及合作签约等方式，吸引全国旅行商连年为北线输送客，持续为北线发团导流。

"丝路甘孜·川西秘境"文旅品牌以"南方丝绸之路"为历史背景，以"川西风光"为底色，以"康巴文化"为内核，以"一带一路"为重要战略规划目标。着重文旅融合，着重产品体验。深挖 G317 甘孜北线的绝美风光与厚重人文，在传统游览观光式旅游基础上以"沉浸式体验旅游"为主着重打造差异化旅游产品及地标性文旅 IP，坚持全域旅游理念和北部八县联动发展，实施"旅游精品"战略。加快打造精品景区，加快打造精

品旅游产品和线路，围绕生态观光、文化体验、康养休闲、户外运动等特色精品旅游产品体系开发建设，叫响中国最美雪山、中国最美湿地、中国最美草原、中国最美藏寨、中国最美康巴汉子等旅游名片，打造最美高原之旅、丝路甘孜之旅、国际高端野生动植物摄影之旅、格萨尔文化之旅、长征红色文化之旅等精品线路，以点串线、以线带面，加快北部片区全域旅游大发展。在此过程中全力整合甘孜北部区域最具代表性的核心文旅资源，推出多条精品旅游路线、多种旅游消费产品、多项全国大型示范性文旅活动、全网线上线下多媒体平台矩阵营销，使甘孜文旅品牌得以全面曝光、巩固。

（三）整合宣传渠道，创新品牌传播形式

整合网络一切有效宣发渠道，创新创意传播形式、紧跟网络传播流行趋势，力保品牌宣传覆盖面广、宣传规模宏大、人群精准度高、平台种类众多，以线上线下"多平台＋国内国外"推广互动，赋能甘孜北线文旅发展，不断传播甘孜北线旅游的"好声音"，让甘孜北线与游客间产生了更多、更深的连接，使 G317 高原丝绸之路文化走廊"丝路甘孜·川西秘境"旅游品牌知名度、美誉度不断提升。

为提升"丝路甘孜·川西秘境"文旅品牌知名度、美誉度，自 2020 年"丝路甘孜，川西秘境"品牌成立以来，甘孜文旅计划大力启用新媒体等营销手段，紧跟时事热点，通过"线上线下品牌推广""OTA 平台产品全面覆盖""各大新闻平台联合报道""大型创意事件营销""活动话题营销""网红文旅 IP 及个人 IP 打造""自驾俱乐部及旅行社等政策营销""大型公益活动事件营销"等方式进行"多平台、多形式、多维度、多手段"的推广方式，进行"品牌宣传＋人流输送"的线上线下联动，为甘孜北线旅游市场活跃及品牌广泛传播注入力量。

三、传播效果

（一）线上线下联合宣传，曝光甘孜文旅品牌

2020 年，甘孜州启动了一项旨在挖掘川藏北线旅游资源的项目，并提出了"丝路甘孜·川西秘境"文旅品牌。该项目通过一系列线上线下活动，有效地提升了品牌的知名度和曝光度。在线上方面，借助微博、抖音、小红书、一直播、自驾游平台、马蜂窝及官方旅游账号等社交媒体渠道发布了大量内容，总计获得了约 1667 万次的曝光。此外，还得到了腾讯新闻、搜狐网、四川发布、新浪网等多家主流媒体的支持，它们发布了相关报道，进一步扩大了影响力。通过腾讯视频、微信朋友圈、今日头条、抖音、微博客户端的广告宣传，加上重庆卫视和四川卫视播放的系列宣传片，线上总曝光量达到了约 2432 万次。线下推广同样精彩纷呈。在重庆江北机场 T3 航站楼举办的摄影展吸引了大约 80 万人次的关注；重庆高铁西站的 LED 屏幕循环播放相关内容，覆盖了约 180 万人次；而《重庆日报》电子阅报屏则在全国范围内设置了 1200 个展示点，累计曝光约 620 万人次。这些努力共同推动了"丝路甘孜·川西秘境"文旅品牌的广泛传播，整个活动期间共实现了约 5000 万次的曝光，极大地促进了甘孜地区旅游业的发展及其形象建设。

（二）线下活动联合线上媒体矩阵传播，固化已有营销成功

2021 年，为固化甘孜州宣传营销工作成果，打响"丝路甘孜·川西秘境"文旅品牌，特策划针对性、创意性、趣味性营销宣传项目，通过结合线上媒体矩阵传播、线下创意活动举办，使甘孜北线旅游品牌形象、产品、资源得到极大曝光。此年度甘孜州康北旅游品牌宣传工作重点围绕"我为丝路甘孜代言网络创意传播大赛"等五大主体内容，通过项目的实施，甘孜旅游宣传实现较大突破，具体表现在："丝路甘孜·川西秘境"品宣推广覆盖线上（包括微博、抖音、微信、快手、小红书、哔哩哔哩、携程、马蜂窝、腾讯新闻 / 腾讯视频信息流广告、开屏广告等新媒体、自媒体平台）共计曝光约 6.5 亿人次，其中微博话题合计曝光 3.5 亿人次，抖音话题合计曝光 1.8 亿人次；环球网、新华网、文旅中国、中国经济网、中国网、封面新闻、川观新闻、四川发布、四川观察、光明网、上有新闻、国家旅游地理、腾讯新闻、搜狐网、新浪四川、一点资讯、今日头条、网易新闻、凤凰新闻、UC 浏览器等主流新闻媒体共发稿 55 篇合计曝光 3648 万次，同时四川卫视新闻频道多次对活动进行报道宣传。线下（包括重庆解放碑 LED 屏、《重庆日报》数字屏共 1237 个点位）共计覆盖 1300 万人次，全网线上、线下媒体合计曝光约 8 亿人次。

（三）全网、全球大范围宣传，持续巩固文旅品牌

2022 年，为了进一步巩固并推广"丝路甘孜·川西秘境"文旅品牌，活动进行了全面升级，并通过创意丰富的形式展开。特别是借助了"2022丝路甘孜非凡之路 G317 大型穿越主题公益活动"，实现了全网乃至全球范围内的广泛宣传。此次宣传活动覆盖面广、规模宏大、目标人群精准定

位，并且利用了多种平台进行传播。**社交媒体：**微博话题"丝路甘孜川西秘境"的阅读量超过了 1.1 亿次；抖音上同名话题的阅读量更是突破了 2 亿次。**主流媒体：**CCTV2 黄金时段节目《天下财经》及其全媒体平台（包括央视电视频道、央视频 App、咪咕视频 App 及融媒体账号）累计触达观众约 1.2 亿人次。**新闻媒体报道：**人民网、新华社等数十家知名新闻网站和报纸发布了相关报道，总计曝光量约为 300 万次。**海外与国内新媒体：**YouTube、哔哩哔哩、小红书等国内外主流新媒体平台上发布了多条宣传视频和旅游攻略，合计获得了大约 1000 万次的曝光。**腾讯系平台：**腾讯新闻和腾讯视频的信息流广告带来了 6000 万次的曝光。**数字屏幕：**《重庆日报》在全市范围内超过 1200 个点位的数字屏幕上持续一个月发布内容，预计曝光量达到约 1200 万次。**官方账号：**甘孜旅游视频号、微信公众号及四川文旅视频号也积极参与其中，发布了多篇推文和视频。综上所述，通过线上线下的共同努力，"丝路甘孜·川西秘境"文旅品牌的各项宣传活动总共累积了约 5.3 亿次的曝光，显著提升了该地区作为旅游目的地的认知度与吸引力。

自"丝路甘孜·川西秘境"文旅品牌成立并持续多年传播宣发以来，该品牌共计收获约 13.8 亿人次的曝光量。

"最宠游客的城市"

——重庆城市品牌塑造与传播案例

一、案例概述

2023年春节以来的热门话题让重庆这座"最宠游客"的城市实至名归。一是首届重庆都市艺术节跨年焰火表演带给游客和市民满满的幸福感。2023年除夕夜，为了让游客和市民感受到辞旧迎新的氛围，满足人民对中国传统佳节喜庆氛围的期待，提升游客的满意度，重庆市文化旅游部门认真贯彻落实文化和旅游部及市委、市政府有关假日工作部署，以首届重庆都市艺术节跨年焰火表演，盛大开启"新时代、新征程、新重庆"迎新春的文旅盛宴，为游客和市民呈现了一场震撼浪漫的跨年烟花秀。此次活动不仅增强了辞旧迎新的体验感，还显著提升了游客满意度，并有力地提振了市场信心，成为一次难忘的新春文旅盛宴。二是时任外交部发言人华春莹在海外社交个人平台发文推介重庆实力"宠粉"。重庆在继 2019 年"留出一座桥"后，2023 年春节再次为游客让路让桥，"最宠游客城市"再次出圈，华春莹在海外社交个人平台发文重庆春节期间为游客让路让桥的行为点赞，向全世界网友推介重庆的实力"宠粉"。**三是**重庆旅游市场火热，重庆人民也同样热情似火。近日，"女生旅行独自吃火锅被邻桌邀请同吃"的话题登上微博热搜，视频中有三个女生看到旁桌的一位女孩独自吃火锅，便邀请女孩过来和她们一起吃，还合影留念。"重庆人的热情是最大加分项！"该视频走红网络后，网友们纷纷留言点赞重庆人的热情。这无疑再次证明了重庆是一座"最宠游客"的城市。

中国旅游研究院 2022 年 11 月 24 日在以"旅游城市 城市旅游"为主题的论坛上，发布了"非凡十年·魅力二十城"榜单，重庆游客满意度综合排名居全国第一；中国旅游研究院最新调查数据显示中国人最想去的城市旅游目的地重庆位居第一；搜狐旅游发布的 2022 年全国旅游城市品牌影响力重庆排名全国第一。重庆本次位列榜首，更好地展示了"最宠游客"城市的品牌形象，也更好地诠释了"山水之城，美丽之地"的魅力。

重庆悉心打造"最宠游客"城市，近年来，重庆市文化旅游委锁定年轻人这个目标市场，以"内容为王"转型升级都市旅游产品；按照特色化、个性化、去景区化的要求，抓优质旅游产品供给；按照"近悦远来、主客共享"的目标转型升级旅游产业，想方设法让游客到了重庆，既要"打卡"美丽山水，又要体验 8D 魔幻都市的烟火味儿，体验重庆人不一样的生产生活方式，让游客身临其境地感受到重庆的与众不同。

二、品牌策略

重庆推出一系列"宠"游客服务，坚持不懈提升旅游服务质量，让游客在重庆行之顺心、住之安心、食之放心、娱之开心、购之称心、游之舒心，被网友称为"最宠游客的城市"。

"十四五"期间，重庆市文化和旅游行业积极构建主客共享、近悦远来的文化和旅游发展环境，加快完善旅游服务基础设施，形成一批优质旅游服务品牌，提升旅游市场综合监管能力，增强市民游客的获得感和幸福感。

"最宠游客城市"品牌的打造主要通过提升游客满意度为抓手。重庆市打造"最宠游客的城市"品牌的品牌策略，是一个多维度、系统性的工程，旨在通过提升旅游服务质量、优化旅游环境、创新旅游产品等方式，全方位提升游客的满意度和体验感。

（一）政府主导，多方协同的城市品牌整体策略

自 2010 年起，重庆踏上了旅游业转型升级的坚实步伐，通过奠定坚实基础、明确发展目标及建立健全规章制度，逐步构建起一个上下联动、协同共治的管理新生态。具体而言，这一体系的核心在于将游客满意度作为衡量区县旅游工作成效的关键指标，纳入考核体系之中。此举极大地激发了各地提升服务质量的紧迫感和积极性，将原有的管理压力巧妙转化为推动进步的动力。

在此框架下，文旅部门与其他相关部门如公安、交通、卫生、城市管理等紧密合作，形成了多部门联动的工作格局。重庆市人民政府通过制定相关政策和提供资金支持，引导旅游行业提升服务质量，创新旅游产品，打造"最宠游客城市"的品牌形象。文旅、交通、公安等多个部门协同合作，共同为游客提供便捷、安全、舒适的旅游环境。例如，在节假日期间延长轨道交通运营时间，实施"让桥""让路"等措施，确保游客顺畅出

行。这种高效协同的工作机制，确保了从政策制定到执行落实的每一个环节都能够紧密衔接、相互支撑，共同致力于提升游客的整体满意度。

（二）"最宠游客的城市"是品牌传播的利器

重庆市加大与抖音、微博等新媒体平台的合作力度，通过短视频、直播等形式展示重庆独特的自然风光和人文魅力。例如，与 MCN 机构合作，开展旅游宣传营销活动，为重大活动造势，以光影无人机焰火表演、旅游摄影大赛等形式，吸引游客参与并主动传播重庆旅游形象。通过外交部发言人等官方渠道在国际社交平台推介重庆旅游，提升重庆的国际知名度。央视新闻报道重庆是"最宠游客的城市"，也成为重庆市最佳的宣传口号。

（三）以服务构建品牌认可的护城河

经过数年努力，很多重庆市民的生活场景已经成了游客的"网红打卡点"，为市民建设的很多公共服务设施也自然而然成为旅游配套设施，真正实现了"主客共享"，重庆市民不但没有抱怨，反而有"近悦远来"的成就感。比如长江索道、轨道穿楼、两江轮船、千厮门大桥等，都是"主客共享"典型案例。尤其是每当春节、五一、国庆等节假日到来的时候，外来游客的数量远远超过了主城都市核心区公共设施的接待能力。为了保证"行十里"而来的广大游客的体验感、获得感和安全感，重庆市多部门联合行动，除了采取封桥、控路、限行、保供等硬措施以外，还有全员发短信等举措。重庆为了外来游客腾出一座城，成为佳话并赢得广泛赞誉，央视新闻报道重庆是"最宠游客的城市"，成为最佳的宣传口号。

在软件提升方面，重庆市制定了一系列服务标准，包括导游，旅行社、酒店、景区、邮轮等管理，以及与旅游密切相关的服务标准；同时还强化了贯彻执行和培训力度。在硬件设施方面，首先是抓交旅融合发展，旅游发展必须交通先行：重庆市建成了市、区（县）两级旅游集散中心体系，打通了所有景区的"最后1公里"，实现了"城景通"和"景景通"。在信息共享方面，一是建立了"长江游轮""两江游"、都市观光巴士、汽车营地等一批交通旅游信息化共享平台；二是建成了全市文化旅游云平台，全市3A级以上旅游景区的监控视频和主要演出场所、上网服务场所、文博场馆的客流实时数据全部接入了云平台，而且还实现了"口袋云"管理，极大地提升了全市旅游管理的效能和应急处置能力。

（四）抓产品升级，提供优质旅游产品供给

近年来重庆市文化旅游委锁定年轻人这个目标市场，以"内容为王"转型升级都市旅游产品；按照特色化，个性化，去景区化的要求，抓优质旅游产品供给；按照"近悦远来、主客共享"的目标转型升级旅游产业。**想方设法让游客到了重庆，既要"打卡"美丽山水，又要体验8D魔幻都市的烟火味儿，体验重庆人不一样的生产生活方式，让游客身临其境地感受到重庆的与众不同。**经过这些年的努力，很多市民的生活场景已经成了游客的"网红打卡点"；很多市民的闲置住房变成了游客的"共享住房"；为市民建设的很多公共服务设施也自然而然成为旅游配套设施，真正实现了"主客共享"。长江索道、轨道穿楼、两江轮船、千厮门大桥等，都是"主客共享"典型案例。

重庆市深入挖掘重庆的文化内涵和旅游资源，开发具有地方特色的旅游产品。比如"红色三岩"品牌、长江三峡游、山城夜景游等，推广自驾游、乡村游、生态游等新型旅游方式，满足游客多样化的旅游需求。

综上所述，重庆市打造"最宠游客的城市"品牌的策略是一个综合性的系统工程，涉及优化旅游服务体验、创新旅游产品供给，以及推动文旅融合发展等多个方面。通过这些措施的实施，重庆市将进一步提升其作为旅游目的地的吸引力和竞争力。

三、传播分析

（一）多方助力重庆城市品牌宣传

重庆市文化旅游委非常重视文旅品牌的宣传，文旅宣传营销涌现新亮点。重庆是抖音播放量第一个超过百亿量级的城市，被称为"抖音之城"。依托抖音、头条等产品数据，巨量引擎城市研究院发布《2022美好城市指数城市线上繁荣度白皮书》，重庆短视频企业账号数量和发布视频量均为全国第一，在2022全国"抖音美好城市榜"排名中位列第一。与抖音平台合作开展"美好目的地"重庆2022共建计划，推出"最炫武陵风"等话题，相关视频曝光量超过12亿人次。据抖音发布的《2022"五一"假期数据报告》和《2022国庆旅游数据报告》，重庆均为最受游客欢迎的城市。

开展"重庆旅游攻略"微博话题建设计划，宣传推广"5·19中国旅游日""百万市民游重庆"等活动，与高德地图合作推出全国首个演艺地图，反映重庆城市文化旅游的短视频《云海列车》《开往春天的列车》，被新华网、光明网等权威媒体关注和扩散，转发、阅读、话题量达数亿次，成为年度爆款。

华春莹在海外社交个人平台发文向全世界推介重庆实力"宠粉"。❶ 她

---

❶ 这条信息出自多个来源，其中包括华龙网新闻中心的报道。

在推文中写道："位于中国西南的重庆，真的对游客非常友好。春节期间，游客络绎不绝，为了给游客提供更好的观光和拍照体验，这座城市多条道路、桥梁暂停通行。"在她附上的一段视频中，记录的正是 2023 年春节洪崖洞景区旁边的千厮门大桥封闭交通，游客们赏景、留影的片段。此前"中国外交天团"多位发言人不止一次在海内外社交平台为重庆打 Call。

建立影视拍摄一站式服务平台，为剧组和企业提供政策咨询、政企协调、版权登记、场景拍摄、器材租赁、项目推介等数十项一条龙服务。重庆跻身全国重要影视拍摄地，近年成为国产影视剧热门的取景城市，如《重生》《在劫难逃》《沉默的真相》《我和我的祖国》《中国机长》《少年的你》等都在重庆取景拍摄。通过影视作品的推广宣传，对城市品牌形象起到了宣传和种草的效果，有效提升了重庆的城市美誉度和知名度，为全市文化旅游产业发展提供了有力支撑。

（二）现象级传播成就"最宠游客"的城市品牌

通报数据显示，首届重庆都市艺术节跨年焰火表演整体的曝光量超过了 17 亿人次，是全国省级层面唯一一场跨年焰火表演，成为 2023 年推介城市形象的现象级事件，有效拉动了春节期间文旅消费。跨年焰火表演展示了巴渝大地山河壮丽、气象万千的新气象，得到了市民和游客的广泛关注和高度评价。新浪微博话题"重庆除夕光影无人机焰火表演"阅读次数 2871.4 万，登上同城榜第 1 位，"重庆新年氛围感拉满"阅读次数 6929.4 万，登上同城榜第 2 位；抖音话题"一起感受重庆焰火表演的浪漫"阅读次数 825.8 万，登上同城榜第 1 位。以重庆跨年光影无人机焰火表演为例，无论是现场观看的数十万市民和游客，还是通过网络观看直播的数百万网友，都对本次焰火表演给予了高度评价。有网友看完重庆焰火表演后表示："年味得到了增加，城市得到了认可，市民游客收获了快乐，堪称三赢。"还有网友表示："在保证安全的前提下，由政府有关部门统一组织焰火表演，是很好的解决方案。"本次推出的跨年焰火表演及时呼应了民意，是与普通市民游客希望增添过年热闹氛围愿望的良好互动。

2022年3月由重庆市文化和旅游发展委员会官方全平台首发的短视频"重庆云海列车"在各社交平台上爆火出圈，成为现象级事件。相关视频被《人民日报》、人民网、环球网、中工网等70余家中外媒体转发报道，全网视频播放量累计突破千万，相关微博话题"重庆列车穿梭云海如水墨画""重庆晨雾缭绕如临仙境""火爆全网的重庆云海列车拍摄者是他"阅读量累计超过1.4亿人次，讨论超过2万人次。

通过对这些现象级事件的大力宣传报道，进一步有效提升了重庆的城市美誉度和知名度，成功打造了"最宠游客"的城市品牌。

"这么近、那么美，周末到河北"

——河北省文旅品牌塑造与传播案例

一、案例概述

开车从京津出发，半天时间能开到河北省内任一地点。现在交通这么发达，无论你在哪儿，前往河北总是很便利。作为全国唯一兼有高原、山地、丘陵、平原、湖泊和海滨地貌的内陆省，河北的美，有娇美、有飒爽，有温润也有澎湃。

"这么近、那么美，周末到河北"品牌是河北省文旅厅为适应周末短途游蓬勃发展的新趋势，打造京津游客周末休闲度假首选目的地为目标，推出的一项品牌宣传活动。2022年8月倪岳峰书记在中共河北省委"中国这十年"主题新闻发布会上，亲自为品牌宣传，在全国旅游业界影响巨大。品牌通过开展精准营销、全媒体宣传、省市联动、跨界联合、整合推广，河北旅游资源宣传推广和产品线路推介不断走向深入，河北旅游品牌在京津及周边市场的影响力持续扩大，河北旅游消费持续增长。越来越多的游客在"周末到河北"的吸引下走进河北，拥抱"这么近、那么美"的燕赵旅游新体验。

随着大众旅游时代的到来，周末游已经成为城市民众日常休闲生活的重要组成部分。京津是河北除省内以外的最大客源市场，其中北京是中国旅游最大的客源集散地和强劲的旅游消费市场，每年有近 1000 万人次旅游；天津常住人口超过 1500 万，居民旅游消费也十分旺盛。河北各地多在距北京、天津 1~2 小时交通圈内，京津市民周末赴河北旅游休闲的人数持续增长，需求旺盛。

河北面临京津冀协同发展、规划建设雄安新区、冬奥会等重大历史机遇，迎来了前所未有的黄金发展期。河北省委、省政府高度重视旅游业发展，通过举办省市旅发大会，打造了京西百渡、秦皇山海、坝上森林草原、滹沱河生态走廊等一批全域旅游片区。旅游产品供给日益丰富，旅游基础设施和公共服务不断提升。

在这样的大背景下，河北省文旅厅聚焦京津等河北核心客源市场，开展了"这么近、那么美，周末到河北"品牌宣传活动。

二、品牌策略

（一）系列活动向核心客源精准营销

"这么近、那么美，周末到河北"主题宣传活动在北京启动"冬季到河北、福地过大年"推介活动。活动现场推介了河北特色旅游资源和优惠措施。50 多家媒体进行了全面、多样化的宣传报道。"这么近、那么美，周末到河北"主题宣传活动在河北邢台举行"春暖花开，相约河北"活动。活动中，主持人邀请王宝强、方琼等河北籍名人作为河北旅游推广使者，话题冲上全国热搜第二名。同时推介了一批河北文化旅游精品品牌。现场设置了100米长的河北旅游风景展、非遗产品展，吸引市民游客驻足欣赏。

同时，周末到河北的系列活动仅"春季邀约"的活动，全省近80场，得到了全社会的关注，打响了"这么近、那么美，周末到河北"品牌。以上系列活动主要聚焦于京津及周边地区的游客，这些地区人口密集，旅游消费需求旺盛，且河北与京津交通便利，适合短途游。河北省通过深入调研，分析京津游客的兴趣偏好、体验偏好和消费偏好，确保品牌营销活动能够精准对接市场需求。

（二）全要素提升品质增强，大力提升旅游品质

河北省文旅厅不仅注重宣传推广，更注重提升旅游品质，让美好旅程更智慧、更绿色、更文明。河北省实施"这么近、那么美，周末到河北"旅游品质提升专项行动，深入推动大众旅游、加快培育智慧旅游、探索发展绿色旅游、积极倡导文明旅游、推进文旅深度融合，不断提升旅游服务水平和环境质量。河北省联合石家庄、承德、秦皇岛、张家口等七个市共同出资进行资源整合，梳理河北丰富的旅游资源，推出周末游、四季游、红色教育等精品旅游线路，构建目的地品牌体系，提升游客体验感和满意度。大力实施白洋淀生态修复工程，使白洋淀成为青头潜鸭等珍稀鸟类的栖息地和繁殖地；深化地下水超采综合治理，使邢台等地区出现泉水复涌现象，提升旅游资源品质。

为进一步扩大"这么近、那么美，周末到河北"品牌影响力，联合

北京、天津相关部门共同打造"乐游京津冀一卡通"文旅电商平台。省政府办公厅印发多项政策措施，如《河北省加快建设旅游强省行动方案（2023—2027年）》《关于推动文化和旅游市场恢复振兴的若干措施》等，为品牌活动提供政策保障。河北省致力于加强旅游公共服务设施建设，如旅游直通车、旅游环线列车、风景道等，提升旅游便捷性和舒适度，与中国建设银行河北分行、中国移动河北公司达成合作协议，通过会员共享，权益互通，为一卡通平台商户带来大量优质客户，为平台商品带来更大价格优势。目前，已经初步完成平台的模块搭建、页面设计，总体建设进度已超过77%。

（三）"地面"宣传扩大信息覆盖面，增强互动性

生活场景营销，实现全方位覆盖。 在北京地铁、公交，重点区域的楼宇、电梯等各类场景进行集中宣传，在北京西站和北京站、北京南站、北京北站、朝阳站、丰台站进行重点宣传，打造北京人身边的河北旅游。借助这一传播形式，河北文旅厅可以让河北文旅形象标识与北京市民的日常生活场景相结合，增加河北旅游的亲近感和吸引力。

跨界联合营销，凸显社会影响力。 跨界合作是品牌策略的重要组成部分，通过将旅游业与其他行业相结合，共同推广河北旅游资源，实现资源共享、互利共赢。**首先**，河北省与北京铁路局合作，增开不同方向的"乐享河北号"京津冀旅游址列，为游客提供便捷的交通方式，增强河北旅游的可达性。**其次**，与京津的饿了么、美团、京东、顺丰等电商平台及家政公司合作，将河北文旅形象标识印制到工作人员服装上，开展跨界联合营销。这种合作方式不仅扩大了河北旅游品牌的曝光度，还通过电商平台的用户基础，吸引更多潜在游客关注河北旅游。**再次**，与腾讯、百度等互联

网公司合作,开设"周末游河北"专栏,吸引更多用户关注河北旅游信息。**最后**,在抖音、小红书等年轻人喜爱的新媒体平台开设话题,进行互联网"种草",进一步拓宽宣传渠道。

一方面,通过与大型外卖、物流、电商平台及家政公司合作,河北省文旅厅可以利用这些平台的广泛用户基础和高频接触,将河北文旅形象标识展示给更多的北京市民,提高河北旅游的知晓度和认知度。**另一方面**,通过与大型外卖、物流、电商平台及家政公司合作,河北省文旅厅可以借助这些平台的品牌影响力和公信力,提升河北旅游的形象度和信任度。同时,通过工作人员服装,河北省文旅厅可以展示河北旅游的创意性和专业性,提升河北旅游的品质感和价值感。

(四)上下联动,开展主题宣传推广活动

开展 2023"这么近、那么美,周末到河北"主题宣传推广行动,建立全省统一活动品牌,省市县三级联动,统筹各地资源,协调各方力量,系统梳理各类宣传活动,实现"1+1>2"效果。

2023 年 1 月 16 日,在北京举办"这么近、那么美,周末到河北"冬季游河北福地过大年宣传推广活动,推出五大主题冬游产品和精品线路,通过主题推介、歌曲征集、联合倡议等方式,向京津等地游客发出邀约。

全省共 150 余家 A 级景区推出门票免费或半价活动,80 余家星级饭店推出春节期间房价减半优惠活动,给冬游河北的游客提供了丰富的选择。在"春季邀约"的方向上,全省共谋划开展重点春季旅游宣传推广活动82 场;根据花期,制作春季花海踏青日历,推出重点春季旅游线路 28 个。统筹全省近 300 家景区、酒店实行门票减免、套餐打折等超值优惠措施,为春游河北提供多样化选择和多重便利。4 月 8 日,举办全省春季旅游营

销宣传活动启动仪式，聘请文化名人为"河北文旅宣传使者"，依托 OTA 平台开展直播带货、线上促销，将全省营销宣传推向新高潮。

三、传播分析

（一）创新开展文旅短视频宣传引发全民广泛关注

在全省组织开展"这么近、那么美，周末到河北"文旅短视频宣传推广活动。河北省文旅厅副厅长王荣丽带头出镜，拍摄短视频"副厅长出镜带您打卡美丽河北"，30 多家媒体平台宣传报道，近百家自媒体平台转发，播放量超过 2.5 亿人次。全省各地文旅部门积极行动，各级文旅干部纷纷出镜，广大文旅从业者踊跃参与，各地名人名家、主流媒体主持人、新媒体平台达人等热情投入，一个月时间共制作推出文旅短视频近千条，总播放量超过 4.6 亿次。国家京剧名家李胜素、知名影视演员王宝强等应邀制作短视频，一起为家乡代言。

（二）传播声量空前壮大，全平台广泛开展品牌推广

在央视《朝闻天下》等栏目和北京卫视、北京交通广播黄金时段推出河北文旅品牌系列主题宣传。在北京西站等高铁站开展"周末到河北"主题宣传，打造北京游客身边的河北旅游。创新采用手机视频彩铃形式开展河北文旅宣传推广。联合河北航空推出主题飞机，在机舱内开展多种形式文旅宣传，打造河北文旅空中推广中心。举办"这么近、那么美，周末到河北"主题歌曲全国征集推广活动，共征集优秀作品 289 首，同时在电视台、电台、新媒体开始"每日一首"作品展播，带动河北文旅品牌传播更广。

（三）善用新媒体，扩大品牌知名度

河北省借鉴主持人"樾月"短视频推介家乡易县的模式，河北在全省开展文旅视频宣传推广活动，一个月推出短视频近千条，总播放量达 4.6 亿次。通过推出大量短视频并获得巨大的播放量，河北省的文旅品牌在公众中的知名度将显著提升。短视频也吸引了更多的年轻受众，激发他们对河北旅游的兴趣，从而扩大目标受众群体。短视频的推广活动引起了更多游客对河北省的关注和兴趣，从而带动了当地旅游经济的发展。

同时，河北省文旅厅在微信、微博、抖音等七大平台开通了官方账号，每天强势推出"这么近、那么美，周末到河北"主题宣传。微信、微博和抖音等社交媒体平台拥有庞大的用户基础，涵盖了各个年龄段和兴趣爱好的人群。通过在这些平台上展示和推广"这么近、那么美，周末到河北"品牌，可以吸引更多不同类型的受众，包括年轻人、旅游爱好者和潜在游客等，进而扩大品牌的影响力和知名度。

此外，社交媒体平台也为品牌提供了与用户进行实时互动和反馈的机会。河北省文旅厅可以通过官方账号与用户直接沟通，回答他们的问题、提供旅游建议，并及时解决他们可能遇到的问题。这种互动有助于建立游客的信任和满意度，提升对河北这一旅游目的地的形象。

"鄂尔多斯，一座有温度的城市"
——鄂尔多斯市文旅品牌塑造与传播案例

一、案例概述

    鄂尔多斯打造了以"鄂尔多斯，一座有温度的城市"为主题的文旅品牌，以展示鄂尔多斯特色人文风情与黄河风韵的结合。鄂尔多斯拥有丰富的文旅资源，如国家5A级旅游景区响沙湾、最美峡谷准格尔旗大峡谷、国家级非物质文化遗产乌审走马竞技和六十棵榆树祭等。鄂尔多斯还举办了多种文旅活动，如鄂尔多斯黄河"几"字弯生态文化旅游节、美丽乡村文化旅游节、冰雪文化旅游节等，吸引了众多游客前来感受鄂尔多斯的自然之美和文化之韵。为进一步宣传推广鄂尔多斯文旅发展成果，营销推介全市文化旅游产品，鄂尔多斯采用"链上自治区，对接长三角，开拓粤港澳"的品牌传播策略，大力宣传优质文化旅游产品，着力做大做强全市文旅市场，"以文促旅，以旅彰文"，不断提升文化旅游影响力、竞争力和美誉度。

二、品牌策略

（一）以特色文化为旅游铸魂赋能

鄂尔多斯拥有丰富的自然资源和人文资源，是草原文化、河套文化、走马文化、成吉思汗文化等多种文化的交汇地。**鄂尔多斯有响沙湾、鄂尔多斯草原、黄河大峡谷、七星湖等一批休闲度假目的地，有成吉思汗陵、阿尔寨石窟、准格尔召等一批历史文化遗迹，有乌审走马竞技、察罕苏力德祭等一批国家级非物质文化遗产项目。**这些资源为文旅融合发展提供了丰富的素材和条件。

鄂尔多斯文旅局深入开展黄河文化、长城文化、河套文化、青铜器文化考古与研究，推出"鄂尔多斯通史陈列展""鄂尔多斯革命历史展"，线上线下推出《漫步鄂尔多斯博物馆手册》，组织实施"多彩鄂尔多斯"系列文化活动，全方位深挖和展示充满地域特色的文化资源，研究对文化内容的产业转化，将文物、非遗、经典民歌等属于鄂尔多斯的特色文化内涵贯穿到旅游过程和产品中，用独特文化魅力提升旅游竞争力和吸引力，推动文旅融合创新发展。

鄂尔多斯注重发挥文化的引领作用，以非遗保护传承为重点，以演艺、非遗、文博、图书、文创等为载体，将文化元素融入旅游产品和景区建设中。鄂尔多斯市推出了《鄂尔多斯乌音嘎》《鄂尔多斯婚礼》《果老传说》《英雄》等一批剧目和实景演出，群舞《黑缎子坎肩》荣获中国舞蹈最高荣誉荷花奖民族民间舞金奖。鄂尔多斯还开展了"文化进景区，旅游提品质"活动，推动演艺、非遗、文博、图书、文创进景区，赋予旅游业更多文化内涵。

（二）拓展"文旅+"融合发展模式

鄂尔多斯积极推进"文化旅游+"发展，推动文化旅游与农牧业、工业、金融、体育、康养等产业深度融合，培育新型业态和消费模式。鄂尔多斯打造了罕台镇羊绒工业旅游小镇、独贵塔拉沙漠越野小镇、苏勒德祭小镇等一批特色文化旅游小镇和乡村旅游集聚区。鄂尔多斯还与中青旅签订战略合作协议，在文旅产品开发、旅游目的地营销、景区运营等多领域深度合作。鄂尔多斯通过高标准农田建设和农畜产品区域公用品牌建设，推动了农业与旅游的融合发展。截至目前，全市共认定绿色食品、有机农产品、登记农产品地理标志等数百个，这些优质农产品成为吸引游客的重要因素之一。例如，"暖城多味"市级农畜产品区域公用品牌的推出，有效提升了当地农产品的知名度和附加值。

鄂尔多斯积极响应国家创新驱动发展战略，加强与高校和科研机构的合作，推动科技在旅游领域的应用。通过建设矿鸿工业互联网重点实验室硬件、软件产业园等项目，鄂尔多斯提升了旅游产业的科技含量和服务水平，为游客提供了更加便捷、智能的旅游体验。

文化旅游发展要兼容并蓄，才有更多创新创造的空间。除了开展"文化+旅游"的主流融合模式，还要开拓"文旅+科技""旅游+康养""旅游+工业""旅游+农业"等融合路径，推动发展乡村民宿，引进文商旅综合体、室内置景商业体，加快"候鸟老人"栖息地建设等，推动鄂尔多斯文化和旅游融合创新发展形成体系、塑造品牌、再上台阶。

（三）多元特色活动联合，打造特色文旅品牌

为全面打响"鄂尔多斯，一座有温度的城市"文旅品牌形象，鄂尔多斯在此期间推出"黄河几字弯生态文化旅游风景道采风踩线活动"，围绕走精品线路、赏风景民俗、住乡村民宿、品民间美食、听民歌民曲等内容，开展"玩美盛夏，渔悦拾光"嘉年华、骡驮轿婚礼民俗体验等活动，展示黄河几字弯底蕴厚重的地域文化和丰富多彩的旅游产品。

鄂尔多斯定期举办各类文化节庆活动，如草原文化节、冰雪旅游节等，这些活动不仅展示了城市的多元魅力，也吸引了大量游客前来参与。依托得天独厚的自然条件，鄂尔多斯还积极举办多场国际和国内体育赛事，体育赛事不仅提升了城市的知名度和美誉度，也带动了相关产业的发展，如体育旅游、酒店住宿等。

与此同时，鄂尔多斯各旗区及景区策划推出"红色文化游""绿色生态游""遗产遗址游""乡村民俗游""民宿体验游""美食品鉴游""城市休闲游""沙漠狂欢游"八类特色活动。其中，绿色生态游和遗产遗址游颇具特色。绿色生态游以黄河特色景观为主，推出准格尔黄河峡谷观光、黄河风情体验、黄河美食品鉴、黄河乡村休闲旅游等活动。以绿色生态为主题，推出山水林田湖草沙组合游，打造鄂尔多斯草原、库布齐沙漠等集自然生态观光、文化休闲体验、避暑度假于一体的绿色生态文化游产品。遗产遗址游以参观游览内蒙古黄河沿岸文化古迹和遗址遗存、感受古老中华文明为主，推出秦长城、秦直道、阿尔寨石窟、萨拉乌苏河套人遗址等考古历史文化游，"探源"中华文明。

（四）主流媒体露出，突出"流量变现"

通过借助重点主流媒体、突出重点专题报道和推送措施成效提升全市文化旅游知名度，增强信息宣传的覆盖面和精准性。一是推送重点信息内容。及时推送全市文化和旅游的政策颁布、大型活动、展览演出等信息，借助主流媒体平台扩大宣传影响。通过主流媒体报道全市重点活动、假日市场、景区风光等内容。二是做好专题内容宣传。按照全市文化和旅游工作安排，对重点内容进行专题介绍，较为全面详细展示工作成效。在重点刊物专版推出全市文化和旅游高质量发展、文化旅游形象宣传、文化旅游产业提档升级、乌兰牧骑事业持续健康发展、建设高质量公共文化服务网络、推动文物有效保护和活化利用 6 期内容。在行业报刊上推出精准做好加快旅游业恢复发展的若干政策措施、黄河文化主题专版内容。三是公布工作进展成效。及时总结提炼工作措施与经验成效，向媒体推送信息内容，扩大报道传播影响。

加强线上媒体平台推送，采取短视频、图文、直播等形式，确保宣传推广直观形象、传播迅速的效果。在抖音、快手、视频号上发布短视频，推出 10 期《遥望鄂尔多斯》、6 期《品鉴鄂尔多斯青铜器》、4 期《鄂尔多斯博物院藏品》、7 期《"食"万八千里》、9 期《打卡吧，吃货团》短视频宣传内容。开展 2022"内蒙古非遗年货节"线上活动、2022 年全市乌兰牧骑优秀剧目展演、"多景之城，多爽之旅"线上直播推介、第二届黄河几字弯生态文化旅游季开幕式等线上视频直播。

三、传播分析

鄂尔多斯在推进文旅融合发展的宣传推广中，注重在重点媒体平台上推出具有地方文化特色的宣传产品，作为吸引观众注意和向往的话题内容。经过协调推动，将鄂尔多斯非遗头饰、服饰在湖南卫视《你好星期六》上播出，让观众欣赏到了做工精美、独具特色的非遗项目，感受到了鄂尔多斯浓郁的民族风情。节目播出后，受到观众的极大欢迎，登上了微博热搜，话题阅读量达 1.9 亿次，芒果 TV 的点击量达 9424.8 万次，累计展播量近 3 亿次。在节目里，鄂尔多斯非遗头饰、服饰的精彩亮相，让观众看到了特色鲜明、做工精致、美丽迷人的非遗项目，赢得了大家的称赞和掌声。除了非遗项目得到浓墨重彩的展示，节目还介绍了内蒙古的民族舞蹈、草原风光、美食美酒，让人们十分想去蓝天白云、牛羊成群、歌舞迷人的"诗和远方"体验和游览。

为了让更多人了解鄂尔多斯非遗文化的魅力，鄂尔多斯文旅官方微博、微信公众号等平台转发了信息，同样受到了网友的关注和点赞，点击量达 8.1 万次，再次证明鄂尔多斯特色文化极具吸引力、影响力，给广大游客留下了美好印象，产生前往游览的愿望和动力。

"故宫以东"

——北京市东城区文旅品牌塑造与传播案例

一、案例概述

"故宫以东"是在文旅融合大背景下，北京市东城区文旅局在区域旅游品牌构建和目的地形象打造方面的积极探索和新鲜尝试，是东城区全新推出的区域文化旅游目的地品牌。

东城区有全北京 1/3 的文物，有故宫、天坛等历史悠久的文化遗产旅游区；有前门、王府井、南锣鼓巷等文化商务休闲区；还有胡同、四合院、老字号、传统工艺等民俗文化体验项目。根据北京市总体规划，核心区要降低密度、提升质量，东城文旅面对的课题不再是吸引更多的游客，而是提供更好的旅游公共服务、更好地展现城市文化风貌、更好地引导消费升级。"故宫以东"是东城区开启"文旅融合"新大门的金钥匙，东城区文旅局致力于打造良好的营商环境，支持驻区企业弘扬传统文化，使文化和旅游资源变成可看、可听、可走、可体验、可回味的生活方式。

世界级的大城市，越来越多地以方位名词来作为文化坐标，形成了一批具有代表性的文化旅游新名片，它们无一例外地将发展方向定位在了以书店、画廊、音乐厅、美术馆、博物馆、综合艺术中心等文旅融合的产品上，并因此成为城市功能转型的文化新地标。伴随着这些文化新地标的发展和崛起，带有地理方位的名词一时成为卓尔不群和时尚文化的代名词。

二、品牌策略

（一）"故宫以东"，不止于故——丰富产品、创新消费场景

红墙黄瓦，悠悠故事。紫禁城这座有着 600 年历史，令全世界游客心驰神往的宫殿，坐落在北京的中轴线上。故宫以东，是一片满载古都文化的区域，356 处不可移动的文物占据了全北京市文物总数的 1/3，故宫、天坛、大运河玉河段三大世界文化遗产均在此区域。

其实，故宫的魅力，早已不局限于文物、历史。2018 年以来，"故宫以东"这个全新 IP，正让古老故事与时尚潮流交融、对话，越来越多的可能，为"故宫以东"注入生机和活力。

"故宫以东"有历史，丰厚文物遗存呈现着古都的底蕴；**"故宫以东"有活力**，王府井、五道营等文化商务休闲街区，首都剧场、天乐园等文化演艺场馆，还有簋街和胡同 Live House❶ 音乐现场里的城市烟火气，彰显着城市的时尚脉动；**"故宫以东"有腔调**，这里有看得到故宫的酒店和餐厅，

---

❶ Live House 通常指的是现场音乐表演的场所。这类场地主要为独立乐队新兴艺术家及已建立名声的音乐人提供一个可以进行现场演出的空间。

有汇集艺术展览和拍卖的"文化金三角"，让人不经意间就触碰到文化的魅力；**"故宫以东"也有生活**，胡同里的车铃声、买手店的潮流风尚，讲述着古今交融的神奇。

故宫东侧的北京饭店诺金作家酒吧，是泰戈尔、萧伯纳访华时曾光顾过的酒吧。午后，踏上已有百年历史的木质舞池，沐浴在温暖的阳光下，端着一杯茶，捧读一本《飞鸟集》或是《圣女贞德》，仿佛在和大师对话。

在零版权合作模式下，"故宫以东"品牌与诺金作家酒吧推出联名中式下午茶。精致的多宝阁上摆放着豌豆黄、绿豆糕、杏仁冻、宫廷肉末小烧饼、炸鸭丝春卷等传统中式点心，打破了以往下午茶以西式糕点为主的模式。"联名款的预订量很快突破百套。由于限量供应，时常需要客人等待。"北京饭店公共关系部胡伊说。9月，下午茶加载了民国风妆照服务，之后又搭配了故宫研学旅行，市民不仅能品尝美味的糕点，还可以漫步故宫，聆听紫禁城的故事。

不仅仅是诺金作家酒吧，在故宫周边的星级酒店中，还有多个成功案例。截至目前，"故宫以东"已经通过零版权合作联手丽晶酒店、金茂万丽酒店、王府半岛酒店等13家五星级酒店及品牌餐饮共同推出"故宫以东"联名下午茶。传国宝玺、翠玉白菜、琉璃如意等造型元素都出现在下午茶餐桌上，打开了酒店与文创结合的新市场。

2020年年底，由政企携手打造的"故宫以东"文商旅联盟正式成立。首批14家成员单位包含中国美术馆、北京人艺、嘉德艺术中心、77文创、王府中环、凯撒旅游等文商旅优质机构和企业，围绕着故宫—王府井—隆福寺这个"文化金三角"，跨界合作、资源共融，形成新的消费场域。

仅以2023年国庆节前后为例，"故宫以东"联盟成员单位嘉德艺术中心和隆福寺先后推出的"朱艳华绮——故宫博物院藏乾隆朝漆器展""遇见拉斐尔——从文艺复兴到新古典主义大师馆藏展""时光拼图·VR沉浸影像展"等重量级展览，在"故宫以东"区域里形成了 5 分钟文化旅游圈，带动王府中环、金宝汇、励骏酒店等为观展人群提供丰富的消费活动。"以往酒店住客以商务会议和旅游人群为主，'文化金三角'密集的艺术拍卖和展览活动引来了新客群。"励骏酒店相关负责人介绍。逛完艺术展去首都剧场看一场话剧、住一晚可以俯瞰故宫的酒店、在极具艺术气息的餐厅里会友、感受一场沉浸式的国粹京剧，逐渐成为常见的消费组合。

"故宫以东"，不止于故，甚至是常为新的。而且，作为资源整合平台，汇聚的远不止东城区的文旅机构和企业。"丰富产品、创新消费场景，通过资源共享实现供给侧升级，是'故宫以东'品牌作出的实实在在贡献"东城区文旅局负责人介绍，"品牌活动＋沉浸式体验＋品质消费＋整合营销"的模式，将区域文化资源有机串联和整合，推动区域文旅品牌的全方位升级，持续发力文化旅游产业供给侧改革创新。

（二）"故宫以东"，不止于宫——组成营销矩阵，联名强势破圈

作为明清两代的皇宫禁地，故宫的魅力，总有宫廷的影子。"故宫以东"品牌则跳出了宫廷，甚至玩起了电竞。《一人之下》是国内最大互联网动漫平台之一"腾讯动漫"的头部 IP。2020 年这部作品推出的第三季动画故事围绕着主人公王也的家乡——北京展开。为了在动画作品中实景还原北京之美，创作团队从广州远道而来实地踏勘。历经近两年筹备和创作生产，《一人之下 3》中 80% 的实景故事背景采自东城区。为了推广第三季，腾讯动漫与"故宫以东"联合，通过线上直播、拍摄短视频结合线下打卡的模式，带领粉丝跟着剧情云游北京。仅 2020 年 6 月的线上直播在腾讯视频、光明网、虎牙等 5 个平台共实现观看量 666 万次，3 支短视频 Vlog（视频博客）全网播放量突破 500 万次，微博主话题"一人之下寻找

北京"阅读量破 1500 万次，"故宫以东"话题量增长 1200 万次。

这次成功的营销整合还带来了意想不到的结果——"故宫以东"成功破圈延伸向电竞领域。有过一次良好合作后，腾讯对"故宫以东"文旅资源产生了浓厚兴趣。2020 年年底至 2021 年年底，不足一年时间内，腾讯的王者荣耀产品线先后在隆福寺落地文化节、现场比赛、世界冠军赛的赛前仪式和赛后特展共四项活动。**这边厢**，冠军战队的队服、队徽及有关比赛的各种视觉效果亮相园区室内外所有公共空间，吸引粉丝前来拍照打卡；**那边厢**，隆福寺文创园区的经营者也开始探索以电竞为桥梁，助推传统商业开拓新消费场景、数字新模式。"破圈至电竞领域，了解到其产业链条各个环节的实际需求后，我们计划在建设中的隆福寺文创园二期增加一个全新业态——电子竞技馆，推动潮流元素与传统文化相结合，助力商业实体与游戏内容生态增长共赢。"新隆福文化投资有限公司负责人透露。

东城区文旅局还将与腾讯互娱达成战略合作，推动数字科技与文旅结合。双方将共同打造数字文创线下场景；孵化本地文创内容 IP；展开数字文创产业探索，为商户提供数字化工具；探索文旅内容数字化创新等。

2023 年"五一"假期前夕，第一个以"故宫以东"命名的线下互动展览，落地王府井大街东方广场。1700 平方米的互动空间内，15 米长的大型交互数字长卷再现老北京日常生活。七大主题盲盒空间又提供了线上线下新玩法："**梦想盲盒**"让体验者自己画出的扎燕风筝从故宫角楼飞出、"**穿越盲盒**"可以让人换上戏服秒变生旦净末丑、"**魔幻盲盒**"则以数百个彩色光球打造最适宜拍留念的场景、"**能量盲盒**"让表情包生动呈现、"**时空盲盒**"通过 VR 技术带来互动体验、"**国潮盲盒**"将非遗文化融入亲子教育、"**大空盲盒**"汇集了众多潮流玩具及其衍生品。

"故宫以东"品牌孕育出的"城市盲盒"，正将一种有温度有趣味的生活，通过一个又一个惊喜，推送进年轻人的"朋友圈"，大家一起开"盲盒"，触摸这座城市的前世今生。

国庆节前后，各大线上平台又刮起了一阵"故宫以东"的京味儿旋风。在美团"故宫以东"旗舰店，40 家文商旅企业携最新最热产品集中亮相。其中，手绘风格的故宫—王府井—隆福寺"文化金三角"文化消费电子地图，将东城区 50 余家有趣的艺术展、剧场、网红咖啡店、书店、酒店、商场等串联成片，堪称美好生活方式指南。在小红书平台上，宝藏展览戏剧打卡指南、精致酒店度假深度测评、私藏绝美书店巡礼日记、非凡文化体验私藏攻略等各路达人的各种类型探店、测评、巡礼，将东城区的文化、商业资源广泛传播。东城区还与新浪微博、大众点评、小红书三大平台合作，以"21 小时寻找北京"为营销线索，讲述 21 种美好生活方式，解锁 21 个美好愿望清单，导流线下消费。

不仅是寻找已有的美丽，年轻人还在创造着新的美丽。在第二届"故宫以东 × 有梦有趣有你——完美世界文创校园设计大赛"报名截止时，近 7000 组逾万名参赛者提交了作品。首届比赛中，年轻人的设计已被珠宝品牌"周大生"孵化上市。

"营销成本高、推广资源少、品牌建立难……这是消费企业共同面对的难题，也是给'故宫以东'的考验。我们的答卷是：以优质文旅消费内容组成'故宫以东'产品矩阵，携手各大传播平台组成营销矩阵，打造出高品质的文商旅融合平台。"东城区文旅局相关负责人介绍。

"洛阳 IP 联动计划"

——洛阳市文旅品牌塑造与传播案例

一、案例概述

洛阳市与爱奇艺合作开展的"洛阳 IP 联动计划",通过剧集《风起洛阳》、人文综艺《登场了!洛阳》、纪录片《神都洛阳》等 12 个领域开发,构建了国内首个城市 IP 和内容平台合作的"洛阳 IP 宇宙"。洛阳文旅部门通过联动开展"风起洛阳,探秘神都"等线下文旅活动,把城市品牌的宣传势能转换成文旅产业的发展动能。

历史和自然为洛阳留下了丰厚的文旅资源,也鞭策着文旅产业发展和城市品牌建设百尺竿头更进一步。洛阳市文旅局坚持"颠覆性创意、沉浸式体验、年轻化消费"的发展思路,推动引客入洛、促进文旅消费、打造青年友好型城市。爱奇艺是国内知名视频网站和高品质内容服务提供商,

"洛阳 IP 联动计划"是其"华夏古城宇宙"系列的开山之作，旨在传承弘扬传统文化、古都历史，为全国游客构建出培育城市品牌、赋能文旅产业的"洛阳 IP 宇宙"，通过"矩阵式"内容"种草"解决旅游目的地城市"一次性宣传"的机制痛点。该项目在旅游客群年轻化的趋势下，根据"Z世代"对"偶像文化""国风国潮""内容创新"的需求，进行城市文旅目的地"种草"。通过地方政府与内容平台的深度合作，为全国游客构建出弘扬传统文化、培育城市品牌、赋能文旅产业的"洛阳 IP 宇宙"，实现了弘扬传统文化的社会效益和赋能文旅产业的经济效益。

二、品牌策略

（一）深耕优质内容，打造"洛阳 IP 宇宙"

"洛阳 IP 联动计划"是互联网内容平台的一个创举和商业模式革新，通过电影、剧集、游戏、衍生品、舞台剧、动画、综艺、文学、纪录片、漫画、商业、VR 全感 12 个领域进行细分开发，助推城市品牌重塑和长尾宣传效应。除了知名的影视剧《风起洛阳》、综艺《登场了！洛阳》及纪录片《神都洛阳》以外，"洛阳 IP 联动计划"已上线动画《风起洛阳之神机少年》、真人电影《风起洛阳之阴阳界》、悬疑玄幻漫画《风起洛阳之腐草为萤》；《登场了！洛阳》神都书院落地隋唐洛阳城景区；马伯庸长篇历史小说《洛阳》计划发表；互动影游《代号：洛阳》正在制作；舞台剧、动画电影正在筹备。

影视剧《风起洛阳》总投资 3.2 亿元，是系列项目中的核心 IP 和牵头项目。改编自作家马伯庸的《洛阳》，讲述武周时期洛阳发生的悬疑故事，对唐代历史文化和隋唐洛阳城的风貌进行历史还原和艺术再现。该剧共复原 100 多处场景，动用群众演员 2.5 万人次、服装道具 2 万余组，回归中国传统美学，力图还原"神都 109 坊"的城建布局和南市贸易的包罗万象；再现神都洛阳水席、羊肉汤等市井民俗，复刻太初宫、仙居殿、天堂、龙门等城市地标。一座城成就一部剧，影片中的特色建筑美学，细节展现了洛阳城市布局和建筑风格，其中应天门、天津桥、洛水、天堂等建筑群落，打造一步一景的国风画卷。而街区中的市井人物群像，则描摹洛阳风土人情，还原当时的众生百态与人文风貌。

（二）布局综艺内容，广泛开展平台合作

人文综艺节目《登场了！洛阳》总投资约 4800 万元。该节目由主持人汪涵领衔，唐九洲、李浩源等艺人为探索团成员，同时邀请了王一博、宋轶、秦海璐等艺人参演。节目以"最早的中国""神都夜宴""古墓文化""洛阳文风""洛阳美学""城市营造""女皇传奇""根在河洛"8 个主题让千年洛阳青春登场。同步摄制了衍生剧《洛阳秘事》，考古盲盒、联名 T 恤等文创产品开发。舞台剧、剧本杀、主题酒店、VR 全感互动正在洛邑古城落地筹备中。华夏古城宇宙内容的逐渐丰满，标志着影视 IP 开发赋能城市文旅产业高质量发展取得了阶段性进展。洛阳市文化广电和旅游局创新宣传手段和承载方式，将洛阳丰厚的文化旅游资源挖掘梳理，全力塑造"行走洛阳，读懂历史"文化品牌，把洛阳文化 IP 推向全球视野。洛阳市文化广电和旅游局相关负责人介绍，洛阳正着力把文旅资源优势转化为发展优势，顺应数字化时代的传播规律，坚持移动优先、视频为主，加强交互传播，创造性做好文旅营销，让洛阳成为让人津津乐道、令人心驰神往、使人络绎不绝、叫人流连忘返的文化旅游"打卡地"。

（三）强化创意引领，深度植入洛阳文旅内容

历史文化纪录片《神都洛阳》以纪录片视角，采用"实地拍摄＋故事再现＋动画制作"相结合的表现手法，展示了隋唐洛阳城、龙门石窟、白马寺等几十处特色场景，以及武则天、狄仁杰、上官婉儿等知名历史人物和众多小人物，多维度记录和呈现武周时期都城洛阳的烟火生活、民俗百态。全感互动电影《风起洛阳》，2022 年在隋唐洛阳城签约。《风起洛阳》VR 项目将线下实景、真人演绎、互动式串联起来，有震撼的视觉场景、运动座椅、音效、触感、气味等全感官体验。

（四）做好产业联动和效应延伸

风起洛阳主题酒店和主题街区已经签约，《风起洛阳》VR 体验项目将在牡丹文化节期间上线。《登场了！洛阳》中的神都书院也已在九州池景区落地。此外，考古盲盒、服饰、纸雕灯等衍生文创商品销售火爆，带动了相关景区的增值引流和内涵提升，实现了影视 IP 文化价值的最大化。

洛阳通过剧集、人文综艺、纪录片等多个领域的细分开发，构建了国内首个城市 IP 和内容平台合作的"洛阳 IP 宇宙"。这种跨领域的合作方式，不仅丰富了洛阳文旅产品的多样性，还提升了整体的文化和旅游体验。并通过高品质的内容制作和全球范围内的传播，如《风起洛阳》的多语言版本在爱奇艺全球 191 个市场播出，极大地提升了洛阳的国际知名度和文化影响力。线下方面，洛阳市文旅部门联动开展"风起洛阳，探秘神都"等文旅活动，推动线上"流量"转化为线下"留量"，如沉浸式演艺《唐宫乐宴》等项目，让游客亲身体验洛阳的历史文化。

通过 IP 联动计划，洛阳市文旅产业实现了高质量发展。不仅吸引了大量游客，还带动了相关产业链的发展，如考古盲盒、联名 T 恤、纸雕灯等文创产品的销售火爆，以及主题酒店、街区等新业态的兴起。

（五）做好线上流量的线下转化

策划了"风起洛阳，探秘神都"联动引流活动。**一是**动员本地景区、街区因地制宜以"风起洛阳，探秘神都"为主题开展文旅策划、氛围营造、景观搭建；**二是**推出专题优惠政策和主题旅游线路；**三是**动员媒体矩阵、游客达人、文旅从业者在美食、民俗、文化、旅游、非遗等领域进行风起洛阳探秘神都内容创作；四是与百度地图、新浪微博、途牛联合推出风起洛阳探秘神都主题聚合页，实现"引客入洛"、拉动文旅消费；五是举办上阳宫《时尚芭莎》"时尚文化赋能古都发展"时尚文化主题论坛、定鼎门天街野宴活动、"燃灯大典"开播发布会、风起洛阳帐篷露营活动；六是联动中央美术学院在隋唐洛阳城景区举办"风起洛阳，浪漫古今"学生主题作品展，联动光明网举办"青春洛阳直播日"并由央美学生在洛邑古城创作《新·洛》主题墙绘。

（六）强化创意引领，助力文旅品牌"出圈"

穿上华丽的唐朝服饰，画上精美的妆容，随着剧本的推进，沉浸式体验盛唐风情……2023 年国庆假期，隋唐洛阳城应天门遗址博物馆推出的沉浸式演艺项目《唐宫乐宴》，吸引了不少游客前来体验。

近年来，隋唐洛阳城国家遗址公园还策划推出了"天门有道""无字梵行"等沉浸式剧本演艺项目，为游客提供全新的沉浸式文旅体验，以创新驱动赋能文旅产业高质量发展，让"盛世隋唐"成为洛阳文旅一个立得住、叫得响、传得开的知名品牌。

以创新引领发展，用创意抢占新机。洛阳强化创意引领，着力做大做强工艺美术、精品演艺、实景游戏、数字文博等文创产业，用创意抢占文旅融合新风口，助力文旅品牌不断"出圈"。

洛阳博物馆自主开发的"辟邪"系列文创产品在各级展览和博览会上斩获荣誉；二里头夏都遗址博物馆推出的绿松石耳坠、绿松石书签等"绿松石"系列文创产品深受年轻人青睐……近两年，洛阳文创产品频频"出圈"，更好地讲活"洛阳故事"。

三、传播效果

"洛阳 IP 联动计划"热搜热榜共 2600 余个、话题阅读总量 606 亿次，其中洛阳文化方向 310 余个，阅读量 34 亿次。《风起洛阳》及洛阳相关话题在全媒体、各平台热搜，新浪微博平台主话题阅读量超 41 亿次，讨论量 5.5 亿次；共斩获 26 个猫眼"热度日冠"；微博、抖音、快手、虎扑、微视等全网综合热搜话题 1000 余个，榜首共 315 次，《人民日报》《光明日报》、新华社等媒体正面报道。

"洛阳 IP 联动计划"实现了"一部剧带火一座城，一座城成全一部剧"的双赢效果。《风起洛阳》通过英语、日语等 6 种语言在爱奇艺全球 191 个市场播出，并在日本 WOWOW 株式会社、中国香港 NOW TV 等平台发行。该剧在国际站的评分达到了 8.5 分，借助该剧，洛阳的美食、建筑和文化走向了世界，引发了全球观众对这座千年古城的关注与热议。

洛阳市在 2022 年度搜狐旅游全国城市旅游影响力榜中位列全国第五，获 2022 年度社交网络运营口碑奖。2022 年金瞳奖评选中，《"文政企"深度合作影视剧 IP 风起洛阳》获原创内容单元原创剧集组金奖;《一部剧带火一座城》获内容营销单元 PR 与品牌建设组金奖,成为视频平台打造"城市文化"标签的成功案例。

"你好，香港"

——中国香港文旅品牌塑造与传播案例

一、案例概述

2023 年 2 月 2 日，香港特区政府正式启动"你好，香港"（Hello Hong Kong）全球宣传活动，向全球消费者传递欢迎信息。2 月 3 日，香港旅游发展局在中国内地市场开启了"你好，香港"正式宣传活动，推出由香港知名艺人拍摄的系列广告，开展"你好，香港"抖音消费者互动。此外，香港旅游发展局还与香港机场管理局及香港航空公司合作，举办了免费机票抽奖活动，并提供了"香港有礼—旅客消费优惠券"，组织业界及媒体考察团赴港体验，通过线上、线下联动的全媒体推广模式，将香港城市焕然一新的文旅元素及其作为世界级旅游目的地的独特多元文旅魅力带给中国内地的消费者。此次推广活动不仅全面展示了香港近年来全新落成或完成升级的多项重量级旅游设施，还为会展、业界及旅游平台等商务伙伴提供了交流平台。

二、品牌策略

（一）耳熟能详的名人元素

香港旅游发展局邀请香港著名艺人郭富城、郑秀文和陈慧琳拍摄了一系列动感宣传片，除了在线上广告渠道推广外，还在广州和深圳这两个大湾区的主要城市中的户外广告位置展示，其中包括高端的商业办公及住宅楼宇大堂内的视频媒体，以及人流旺盛的地铁站 LED 屏幕。在地铁站里同时也利用月台的灯箱海报来推广香港多元的艺术、户外、夜生活和潮玩旅游新体验，再加上屏蔽门上吸睛的新地标贴纸，收获不少好评。另外，地铁站的广告都带上二维码，与官方的抖音号举办的挑战赛活动结合，消费者可通过多种方式，参与"你好，香港"线上挑战赛，虚拟数字偶像星瞳、香港明星高海宁等也合拍短视频，为消费者带来耳目一新的视听、互动体验。此外，香港旅游发展局还邀请了商界伙伴、行业领袖拍摄欢迎短片，于社交媒体平台进行播放，加强活动的渗透及感染力。

（二）礼遇计划回馈来港游客

香港旅游发展局携手香港机场管理局及国泰航空、香港快运和香港航空 3 家香港本地航空公司，为内地消费者派送免费往返香港的机票。游客可以通过各种指定渠道参与免费机票抽奖活动，并在前往香港旅游时享受酒店住宿、购物及娱乐等方面的优惠。从 2013 年 3 月 1 日起，香港机场管理局通过国泰航空、香港快运及香港航空分阶段向全球多个市场免费送出共计 50 万张机票,这是香港历史上最大规模的机票礼遇计划,覆盖了亚洲、欧洲、美洲和大洋洲等地区。旅客可以在指定网站上登记申请免费机票,并选择自己喜欢的航空公司和目的地。每个月都会有一批幸运者获得免费机票,并收到电子邮件通知。此外,香港旅游发展局联合全港超过 1.6 万家商铺,向旅客提供一系列精彩奖赏,其中包括至少 100 万份"香港有礼"旅客消费优惠券。访港旅客凭券可以在参与活动的酒吧、餐厅和酒店免费享用迎宾饮品,或在交通工具、餐饮、零售、商户及景点兑换奖赏。这些奖赏旨在让旅客的香港之行更添精彩,感受香港的好客之道。

(三)贵宾访港活动实现香港文化破圈

香港旅游发展局盛邀商界翘楚、政要、传媒业界人士和具影响力的人士到访香港,亲身体会香港真实面貌,了解这个亚洲国际都会的最新发展、无限机遇和崭新景点,并将真实的香港故事带回家。香港特区政府为此安排了一系列的贵宾访港活动,包括专业考察团、文化交流团和媒体团等,让他们参观香港的重点项目和设施,如西九文化区、大屿山岛屿生活计划、科技园等,并与特区政府高层及各界代表进行交流和对话。此外,香港特区政府还组织了一些特别活动,如邀请国际名厨品尝本地美食,或邀请国际艺术家参与文化创作,让他们感受香港的多元文化和创意氛围。

(四)亲和力强大的传播内容设计

同时,香港旅游发展局持续打造焕新体验。通过组织内地媒体考察团,香港旅游发展局对香港全新落成及焕新升级的各文旅地标进行宣传,

包括西九文化区的香港故宫文化博物馆、第六代山顶缆车、海洋公园水上乐园、迪士尼乐园全新多媒体夜间城堡汇演"迪士尼星梦光影之旅"，以及全面提升的维港海滨设施等。这些近年全新落成或完成升级的旅游设施，为旅客带来了焕然一新的旅游体验。

此外，香港在 2023 年举办超过 250 个不同主题的大型盛事和节日活动，涵盖了金融、经济、创新科技、体育赛事、文化艺术和美食佳肴等领域，并成功吸引超过 100 个会议展览活动在港举行。这些活动不仅为旅客提供了丰富多彩的娱乐选择，也为商务人士提供了交流合作的机会。其中一些活动更是首次在香港举办或作为亚洲首站，如全球 Web3.0 产业大会、博物馆高峰论坛、巴塞尔艺术展等，彰显了香港作为国际都会的地位和影响力。

三、传播分析

截至 2023 年 2 月 28 日，共有约 300 万人在指定网站上登记申请免费机票，其中约有 60% 来自内地，30% 来自海外，10% 来自香港。已有约 20 万人获得免费机票，并收到电子邮件通知。此外，约 500 万人参与了"你好，香港"抖音消费者互动，其中约有 80% 来自内地，15% 来自海外，5% 来自香港。约 10 万人获得"香港有礼"旅客消费优惠券，并收到电子邮件通知。

共有约 1000 名贵宾、艺人、商家和旅客接受了香港的邀请，到访香港，参与了各种考察、交流和体验活动。他们的访港行程和感受被多家媒体报道和转发，达到了约 1 亿次的曝光量和约 500 万次的互动量。

此外，约 200 个大型盛事和节日活动在香港举办或即将举办，其中有约 50 个是首次在香港举办或作为亚洲首站。这些活动吸引了约 100 万人参与或观看，其中约 40% 来自内地，30% 来自海外，30% 来自香港。这些活动的内容和影响被多家媒体报道和转发，达到了约 2 亿次的曝光量和约 1000 万次的互动量。

该活动提升了香港的国际形象和知名度，展示了香港的新魅力、新发展和新机遇。根据传播数据，活动在网络上引起了广泛的关注和讨论，有很多内地和海外人士表示对香港感兴趣。这些正面信息和口碑有助于增加香港的吸引力和竞争力，吸引更多的旅客和商务人士到访香港。

"游全福、享全福"

——福建省文旅品牌塑造与传播案例

一、案例概述

福建拥有丰富的自然旅游资源和独具特色的人文旅游资源，素有"东方马尔代夫"之美誉。福建是国家历史文化名省，拥有世界文化遗产、世界自然遗产和世界非物质文化遗产等多项国际荣誉。此外，福建还是两岸交流合作的重要窗口，承担着综合实验区、自贸试验区和国际旅游岛三大发展战略任务。

为了打响福建"福"文化品牌，提升福建的旅游吸引力和知名度，福建梳理了本地区的历史文脉和"福"文化内涵，提出了以"福"文化的创造性转化和创新性发展带动文旅产业加快发展的总体思路，并采取了一系列的区域品牌塑造与传播措施。

福建成功地将"福"文化作为其区域品牌的核心特征和优势，讲述了福建故事和中国故事，提升了福建在国内外的影响力和美誉度，促进了文旅产业的发展和升级。据统计，2021年春节期间，全省累计接待游客1665.47万人次，实现旅游收入76.70亿元。福建"福"文化品牌的塑造与传播为福建的经济社会发展和文化强省建设提供了有力支撑。

二、品牌策略

　　（一）策划理念创新，深入对话Z世代人群

　　福建省文旅厅策划从大处着眼、小处发力，作为落实习近平总书记关于沙县小吃嘱咐的一种方式，期待能以沙县小吃为开篇来整体推广福建美食。过去，福建省文旅厅拍摄的营销短视频大多唯美宏观，这次则创新选择了带有浓浓烟火味的美食风格。此外，过去的视频发布采用的是全网同时宣发的大水漫灌式方式，这次福建省文旅厅创新了宣发方式，精心挑选了深度影响的目标人群，并在这一人群聚集的自媒体平台上首发，期待通过深入影响这一群体来带动其他群体。

　　为此，福建省文旅厅选择了当前旅游消费主力军——Z世代，针对他们"悦己、喜欢种草、我要我觉得、场景中有我"等特点，坚持"福"文化核心，讲好新时代福建故事，创意天马行空，采用"戏仿"策略，将经典网络段子、经典影视作品场景等植入其中，以沙县小吃为切入点，用搞笑、偶像剧、王家卫等风格，分为四个篇幅向网友呈现了福建各地的美味佳肴。通过搞笑、反差和制造冲突来提升互动性，同时采用电影级拍摄手法拍摄制作，将闽菜代表佛跳墙、沙县状元饼等备受市民喜爱的美食囊括片中，展现了一段短小精悍的"福建美食大赏"。这段视频充满了福建人民的搞笑热情和美味，既有"烫嘴普通话"般熟悉的共情面，又有"爱拼才会赢"引发共鸣的精气神，实现了"有网感、有温度，更有高度"的创意推广，让Z世代的年轻人产生强烈的共鸣情绪，并由他们来影响其他人群。

（二）品牌形象创新，大力弘扬"福"文化

福建省文旅厅通过发布《来福建、享福味》文旅创意宣传片，以突出福建美食的多样性，挖掘美食背后的故事，展现福建多元文化，展示丰富的"闽式"生活，表达着由内而外、表里如一的"最福建"气质，丰富了"清新福建""福文化"等文旅品牌内涵，体现了福建文旅品牌的生活气息与亲民特质。

通过"福"文化、福建文旅品牌与沙县小吃相互赋能，在沙县小吃第一村俞邦村举办的中国旅游日福建分会场主题活动中启动了"百城万店有福味"系列宣传推广活动，将沙县小吃店打造成为弘扬"福"文化、宣传福建文旅品牌、销售旅游产品的重要载体。同时，向全媒体平台推广、展示福建文化和旅游资源，吸引网友关注福建文旅，邀请广大网友"来福建、享福味"，推动"福"文化深入人心。

（三）工作方式创新，积极打响文化品牌

《来福建、享福味》蹿红之后，福建省文旅厅进一步打响"清新福建""福文化"品牌，丰富本省文旅产品供给。邀请全省十个城市的分管副市长参与录制《来福建、享福味》宣传视频。与央视频、福建广电集团在建瓯举办"2022好吃好玩享福味"福建旅游美食季活动，邀请中央广播电视总台主持人朱迅、尹颂担任主持，再一次让福建美食爆款出圈。文化和旅游部舆情传播大数据系统传播路径分析结果显示，截至 2022 年 8 月 29 日 13：00，该活动的传播受众超过了 2.22 亿人次。与此同时，围绕"福味"主线，在全省各地推出福建"百碗特色美食""百个美食街区""百条美食线路"等活动。

福建省文旅厅还进一步总结这些经验，全年组织指导全省各地举办丰富多彩的文化和旅游主题活动，每场活动力求各地推动出台一批政策，推广一个理念，生成和落地一批项目，在举办地留下一个标志性项目。目前，全省共推出各类文旅主题活动 2000 多场，以丰富多元的触角全景式挖掘"清新福建"和"福文化"内涵，形成此起彼伏的宣传声势，推动了文旅新业态发展，为广大民众呈现更加充实、丰富、高质量的文化和旅游产品。

（四）营销格局创新，发挥媒体融合传播优势

受《来福建、享福味》创意宣传成功的启示，福建省文旅厅选择央地联动方式，与中央广播电视总台视听新媒体中心共同启动《乘着大巴看中国——闽山闽水物华新》融媒体直播活动，邀请主持人朱迅、尹颂及演员戴军、奥运会冠军林丹等嘉宾作为"文旅体验官"，以"山海与美食"为媒介，以"线上征集 + 直播节目 + 线下打卡"相结合的方式，充分发挥媒体融合传播优势，开启地方文旅推介新热潮，盘活丰富多彩的文旅资源，推动"福"文化资源转化利用。

该活动全网观看量超过 4139 万次，相关话题累计阅读量超过 2.3 亿次，并五次登上热搜榜；同时央视频客户端、央视频微博、视频号、抖音、快手、哔哩哔哩等新媒体平台同步发力，形成集聚效应，实现了更高

效的交互、更有质感的体验，让文旅消费从"输血"变成"造血"，改变了以往较为单一和分散的品牌推广局面，形成了围绕一个核心主题、上下联动、多角度、全方位展示"清新福建"和"福文化"品牌的新型营销格局。

三、传播分析

2022 年年初，福建省文旅厅开始策划拍摄以沙县小吃为主题的福建美食短视频。中国旅游日（5 月 19 日）的前三天，即 5 月 16 日 15∶00，《来福建、享福味》在文旅厅官方网站发布，15∶22 在首选自媒体哔哩哔哩发布；5 月 17 日，全国 73 家媒体账号、117 个微信公众号及近 1000 个加 V 微博用户转发了该短视频，可谓"一天爆款、一夜出圈"。截至 5 月 18 日 17∶00，该视频在哔哩哔哩热门榜第一位置持续占据 24 个小时，哔哩哔哩总榜热搜第二名、新浪微博同城热搜第一名。

文化和旅游部舆情传播大数据系统传播路径分析结果显示，截至 7 月 15 日 12∶00，这条短视频的传播受众达到了 2.57 亿人次。其中，在网络媒体及 APP 平台的受众达到 2000 万人次以上，在微信公众号平台的受众达到 500 万人次以上，在微博平台的受众达到 2 亿人次以上，在抖音、快手、哔哩哔哩等视频平台的受众达到 3200 万人次以上。短视频在哔哩哔哩种草，引爆抖音等所有自媒体和各大网站，调动了包括新华网在内的中央级网络媒体及 4A 广告门等权威广告自媒体，蹿红网络，最后发酵于朋友圈久久不能冷却。"来福建、享福味，好吃好玩还不贵"从 5 月 16 日后成为热词，成为福建省新的旅游名片。

第二篇
国际传播优秀案例

"水韵江苏"

——江苏省文旅品牌国际传播案例

一、案例概述

为加强国际传播能力建设，开展多种形式的人文交流活动，生动讲好江苏故事，江苏省文旅厅携手新华社新闻信息中心成立"水韵江苏"全球传播中心。该中心通过"重点活动＋融媒体内容生产＋主题策划国际传播＋数字文化资产"四位一体的系统化推进机制，逐步建立起"全面、立体、有效"的"水韵江苏"文旅品牌和旅游产品的海外传播体系，打造出"水韵江苏"文旅品牌国际传播创新样本，进一步提升"水韵江苏"品牌的国际影响力和传播力，助力江苏成为世界重要旅游目的地。

二、品牌策略

（一）构建"一中心四基地"品牌国际传播网络

江苏省文旅厅、新华社新闻信息中心在南京设立"水韵江苏"全球传播中心总部，并依托新华社覆盖全球的传播资源、传播网络和人才优势，在上海、巴黎、纽约、东京等全球重要城市设立传播基地，形成"一个中心、四个基地"的立体化国际传播网络。该网络不仅承载"水韵江苏"品牌信息的全球发布，还负责活动组织、资源推介等线上、线下传播推广工作，确保江苏文旅声音在全球范围内的有效传播。

（二）融合线上、线下"双轮驱动"品牌推广

线上，"水韵江苏"全球传播中心依托新华社海媒账号 New China、中国新华新闻电视网、全球通讯社联盟等新华社优质国际传播渠道，确保"水韵江苏"相关动态即时、精准地触达全球受众。通过数字化手段拓宽传播边界，增强互动性与参与感。

同时，以开展文化活动对话专家、精准投放文旅杂志、举办常设艺术展览等方式走向线下，精准推介"水韵江苏"文旅资源和主题产品。通过精准的市场定位和创意策划，将江苏文旅资源及主题产品直接推介给目标受众，加深国际市场对江苏文化的理解和认同。"线上＋线下"两条渠道双向发力，做好新时代江苏"水韵文章"。

（三）"N+"内容创新深化品牌国际形象

依托新华社畅达全球的强大传播网络，"水韵江苏"全球传播中心以富有创意、颇具深度的内容策划和可视化产品制作，丰富"水韵江苏"内涵，强化其国际文旅品牌地位，探索江苏文旅国际话语权，实现江苏文旅资源的全球化、精准化传播。

（1）常设展陈区以艺术展现独特魅力。 在"水韵江苏"全球传播中心上海基地常设展陈区，邀请艺术名家创作特色雕塑，持续向世界展示江苏的自然之美与文化底蕴，成为传播"水韵江苏"魅力的新窗口。

（2）摄影采风活动捕捉"水韵"瞬间。 组织"茶和天下""最美春光""最美秋韵""最美田园"等多场外籍摄影师沉浸式采风活动，邀请20多位国际主流媒体摄影记者和知名摄影师用镜头记录水韵江苏之美。这些活动不仅留下了丰富的影像资料，还通过国际主流媒体平台广泛传播，极大提升了"水韵江苏"的国际知名度。

（3）国际文化沙龙搭建跨文化交流平台。 通过举办"中国—希腊'古城保护更新与旅游发展'"国际文化沙龙和"坚持国际视野全球路径，打造'水韵江苏'世界重要旅游目的地"国际文化沙龙，搭建跨文化对话交流平台，推介具有中国特色、体现中国精神、蕴藏中国智慧的优秀文化，增进国际社会对"水韵江苏"的了解与认知。

（4）全球传播内容矩阵精准触达国际受众。 推出10个语种的"水韵江苏"宣传片，通过海外社交媒体特点和受众喜好进行精准传播和差异化发布；制作《水韵江苏》英文版杂志四季刊，精准投放至全国重点城市的机场、高铁站、大使馆、涉外酒店等地展陈，持续系统地向国外游客和在华外籍人士介绍江苏文旅资源和旅游攻略；策划"神奇动物在哪里""冬季打开水韵江苏的五种方式""欢乐春节""博物馆日开箱啦"等高质量、主题鲜明的国际传播内容，在全球主流媒体、门户网站及重点资讯网站落地，实现文旅资讯软输出……通过精准定位和差异化发布，成功将"水韵江苏"的文旅信息传递给全球目标受众。

（5）媒体资源库建设积累珍贵影像财富。依托新华社新闻信息中心江苏中心媒资平台，为"水韵江苏"建设专属媒资库，积累 3129 张图片全面展示江苏水韵之美，为品牌传播提供丰富的视觉素材。

（6）媒体智库赋能深化品牌内涵。发挥新华社智库力量，联合海外旅游研究机构和高校，形成深度调研报告《江苏打造国际著名旅游目的地研究报告》，为"水韵江苏"品牌推广建言献策；以国际视角服务运博会，撰写深度稿件《共享、共话、共鸣——运博会的国际范儿和国际情》《运博会"大观园"尽兴的背后，水韵江苏全新格局正在打开》，不仅深化了"水韵江苏"的文化内涵，更在全球范围内展现了江苏的独特魅力与开放姿态，为构建国际知名旅游目的地提供了强有力的理论支撑。

一系列创新举措有效建立起了"全面、立体、有效"的"水韵江苏"文旅品牌和旅游产品的海外传播体系，初步打造"水韵江苏"文旅品牌国际传播创新样本，全面提升"水韵江苏"品牌在国际旅游市场的影响力和美誉度，为江苏文旅融合的高质量发展注入了强劲动力。

三、传播效果

（一）高标准线下活动从江苏出发，落地全球

"水韵江苏"全球传播中心启动仪式、"最美春光""最美秋韵""最美田园"等多场外籍摄影师沉浸式采风活动，以及两场国际文化沙龙，在国内外主流媒体广泛传播，累计覆盖全球超过 10 亿人次。

《以文旅融合绘就中华民族现代文明江苏新画卷》❶中介绍，为擦亮"水韵江苏"文旅品牌，江苏省创新举办大运河文化旅游博览会，持续打造国际国内有影响的传播大运河文化的品牌载体，连续五届累计近 60 万人次走进现场，线上受众突破 13.2 亿人次。高水平建设运营的扬州中国大运河博物馆成为旅游网红"打卡"地，推动建设一批山水人城和谐相融的滨江"城市客厅"。通过突出"水 + 文化"融合特质，多维度展示有颜值、有内涵、有品位的"水韵江苏"品牌形象，让江苏成为展示中华文明、东方神韵的重要窗口。

（二）高质量文旅产品精准"到达"，江苏文旅资源尽在手中

《水韵江苏》英文版杂志季刊在上海、巴黎、东京、纽约的传播基地显著位置展陈，并在南航全国 23 个机场的 50 个 VIP 休息室、东部机场集团下辖的 VIP 休息室及国际登机口、南京火车站的 10 个 VIP 休息室、南京南站的 7 个 VIP 休息室，以及北京、上海、南京等国内重要城市中的涉外酒店和高级饭店进行展陈。此举对"水韵江苏"品牌进行精准展示和传播，线上、线下曝光量超过 1000 万次。

（三）高品质主题策划传播，显著提升"水韵江苏"能见度

"神奇动物在哪里""冬季打开水韵江苏的五种方式""欢乐春节""博物馆日开箱啦"等 8 个高品质主题策划，在意大利《晚邮报》网站及其社交媒体、法国《费加罗报》及其社交媒体、《华尔街日报》网站、《经济学

---

❶ 吴婧婧. 以文旅融合绘就中华民族现代文明江苏新画卷［J］. 唯实，2023（10）：41-44.

人》网站、《联合早报》网站、《泰晤士报》网站等全球主流媒体、门户网站及重点资讯网站广泛转载和发布。这些内容还通过覆盖全球近千家海外网站的全球通讯社联盟，覆盖人数超过 3 亿的新华社海外社交媒体账号矩阵、粉丝数超过 100 万的海外社交媒体大 V 账号、覆盖 200 多个国家和地区的中国新华新闻电视网，以及新华网英文网站专题网页等多个优质国际传播渠道推广，累计曝光量、覆盖人群超过了 10 亿。

2021 年 10 月和 2022 年 3 月，由 6 名外籍摄影师和 4 名中国摄影师组成采风团分赴南京、无锡、泰州、徐州等地，记录江苏"最美春光""最美秋韵"，形成多篇稿件在英国《泰晤士报》《每日电讯报》、欧新社等国际知名媒体平台发布，引起国内外主流媒体持续关注。两场采风活动为"水韵江苏"留下图片、视频等文化数字作品 1300 余幅。

据新华社报道，2023 年，江苏省文旅厅美丽乡村、长江主题等旅游宣传片亮相央视和重要高铁站，累计曝光量超 28 亿次；先后赴深圳、青岛、杭州等地举办"水韵江苏"省外集中推广周活动，"水 + 文化"的鲜明特质引发媒体热议、市民追捧；全新升级《游遍江苏》电视栏目，策划推出"你所不知道的'水韵江苏'"融媒体栏目并收获首季节目全国第三收视排名；以"园林里的诗意相遇""丝路中的水韵江苏""茶和天下·雅集"等为主题，先后组织赴西班牙、葡萄牙、法国等 10 多个国家地区开展文旅资源推介活动……建好用好"水韵江苏"全球传播中心，进一步打响"水韵江苏"文旅品牌。

2023 年江苏省接待境内外游客 9.42 亿人次，实现旅游总收入 1.2 万亿元，较 2019 年分别增长 8.6% 和 1.7%，旅游市场全面恢复并超过疫情前水平。银联商务数据显示，2023 年江苏省文旅消费总额 5366 亿元，占全省银联消费总额的 19.95%，比上年提高 4.08 个百分点；占全国文旅消费 9.74%，占比全国第一。

"发现三星堆"

——三星堆博物馆品牌国际传播案例

一、案例概述

　　"发现三星堆"中外青年云对话系列活动由三星堆博物馆和西南交通大学联合举办，2022 年 5 月 30 日至 12 月 1 日，三星堆博物馆共发起 4 场以"发现三星堆"为主题的云对话（课程）直播活动，将热爱中国文化、努力学习中文、且对三星堆文化深感兴趣的青少年群体与中国紧密地连接在了一起，为他们提供了一个深入了解三星堆文明、体验中国历史文化的独特机会。系列活动搭乘文化数字化趋势，联通中英、中美青少年，推动三星堆文化在英美乃至全球展示传播，扩大三星堆在全球青少年群体中的影响力和知名度，是结合三星堆考古新发现、整合考古与艺术等学科、进行多主体共同合作开展、面向海外的中文和中华文化线上教学模式的新尝试。通过开展系列对外文化交流活动，推进以三星堆文化为代表的古蜀文明走出国门，向世界传播阐释古蜀文明蕴含的深刻内涵和文化价值。

二、品牌定位

"发现三星堆"中外青年云对话系列活动以国内外青年、历史（考古）文化爱好者、学生观众为主要目标群体，以三星堆文化为依托，充分利用文化数字化传播的技术优势，借三星堆考古新发现的热度，通过沉浸式的博物馆游览、与考古学家和艺术家的对话，打造一场视觉、听觉、触觉的极致体验，建立一个具有国际影响力、可持续发展的品牌。

三、品牌策略

（一）品牌内核构建，深化三星堆文化价值

三星堆，作为 20 世纪人类最杰出的考古发现之一，不仅是四川乃至中国的一张璀璨"金色名片"，更是连接古今、沟通中外的文化桥梁。三星堆博物馆确立其品牌核心价值为传承千年文明，展现三星堆魅力，连接过去与未来，促进文化交流与传播。品牌诉求是以历史为鉴，以文化为媒。从文化关联、人文交流的角度，从考古看中国与世界的互鉴，从考古看中国创造、中国工艺、中国智慧的独特价值。通过了解三星堆、学习中文，让更多国际友人了解中华优秀传统文化，提升中华文明的国际影响力。

"发现三星堆"中外青年云对话系列活动旨在依托三星堆深厚的历史文化底蕴与独特的艺术魅力，探索形成可持续的中外青年云对话机制，利用现代科技手段，打破地域限制，促进全球范围内青年群体的深入交流与思想碰撞，为中外文化的相互理解、尊重与融合搭建起坚实的桥梁。通过这一机制的持续运行，为未来更多类似的文化交流活动提供宝贵的经验与借鉴，推动全球文化交流事业的繁荣发展。

（二）打造多元传播矩阵，精准呈现文化精髓

三星堆博物馆构建起一个涵盖官方网站、社交媒体、自媒体、短视频平台及国际合作平台在内的多元化线上传播矩阵进行品牌推广，特别是针对"发现三星堆"中外青年云对话系列活动，深度整合各类媒体资源，全面加大品牌与文化的推广力度。在线下，三星堆博物馆积极与国内外专家库、研学机构等合作，通过组织青少年实地考察三星堆遗址、开展研学活动及邀请知名专家学者举办专题讲座等形式，让三星堆文化跨越时空的界限呈现在眼前。

在"发现三星堆"中外青年云对话系列活动传播过程中，三星堆博物馆精准定位传播内容，着力凸显三星堆文化的独特性和文化价值，如从神秘的青铜面具到丰富的文化遗存，博物馆全方位展现三星堆在中国乃至世界文明史上的重要地位；三星堆博物馆还特别设计了针对国外青少年群体的专属活动内容和课程，搭建起国内外青少年与考古学者、专家之间的对话桥梁，促进文化的交流与理解；此外，博物馆还制作了精彩的活动预告、活动海报、现场直播、活动回顾等内容，深入挖掘三星堆文化内涵，激发公众尤其是青少年群体的浓厚兴趣与探索欲。

（三）引领合作跨界，拓宽文化传播边界

三星堆博物馆积极拓展合作领域，与国内外顶尖高校学府、权威考古机构建立深度合作，联合推广三星堆文化。同时，博物馆还与牛津孔子学院、中外语言交流合作中心、四川国际传播中心、英国文化教育协会、全美中文学校协会等国际文化机构、学术机构紧密合作，有效提升了三星堆文化在全球范围内的知名度和影响力。此外，三星堆博物馆不断深化与西南交通大学等合作伙伴的战略合作；并与时尚、科技、艺术等领域的知名品牌携手，共同开展了一系列创意十足的跨界文化活动。这些活动不仅拓宽了文化传播的渠道，更让三星堆文化以更加多元、生动的形式呈现在公众面前，激发了大众对三星堆文化的浓厚兴趣。

围绕"发现三星堆"这一核心主题，三星堆博物馆精心设计了内容丰富、形式新颖的"云对话"活动和课程。通过线上"云对话"课程、直播活动及多媒体互动、文创制作、涂鸦填色、知识问答等多种方式，为参与者提供了沉浸式的博物馆游览体验。同时，博物馆还邀请了众多中外知名专家、学者和艺术家参与活动，共同探讨三星堆文化的价值和内涵，充分利用各种渠道和平台，包括国内外主流官方媒体、社交媒体、短视频平台及合作伙伴的官方渠道等，全方位、多角度宣传推广"发现三星堆"系列活动。这些努力不仅提高了活动的知名度和参与度，更进一步提升了三星堆文化的国际影响力。

（四）数据驱动决策，铸就长线品牌影响力

三星堆博物馆全面收集历次活动的参与数据、观众反馈及媒体报道等多维信息，进行深入的数据分析，精准评估活动效果与影响力。基于这些洞察灵活调整活动内容、形式及宣传策略，持续提升活动质量与效果。同时，三星堆博物馆将活动成果系统整理，包括活动视频、观众反馈等形成成果报告，为未来活动的策划提供坚实的数据支持。

通过持续的云对话活动，三星堆博物馆与国际文化、学术机构建立长期稳定的合作关系，共同推广三星堆文化，提升品牌的国际影响力；探索虚拟现实展览、国际文化交流节等创新活动形式，打破传统界限，提高活动参与度和影响力；密切关注"Z世代"青少年的特点和需求，设计符合其审美偏好的活动内容，确保三星堆文化能够跨越代沟，植根于年轻一代的心中。

三星堆博物馆结合"发现三星堆"中外青年云对话系列活动具体材料，努力推动三星堆文化在国际环境和国内外青少年群体中的传播，让三星堆文化以更加鲜活、多元的面貌呈现给世界，并向全球的观众展示三星堆的独特魅力，不断深化中外青年对三星堆文化的了解与认同。

三、传播效果

"发现三星堆"系列直播活动已经逐渐成为对外展示与传播中华文化的重要窗口，吸引了全球范围内近400家主流新闻媒体竞相报道，涵盖了国务院新闻办官方主页（英文版）的权威发布、《人民日报》（海外版）和英文版的深度剖析、新华社（中英文版）全球同步传播，无不彰显着活动的国际影响力。此外，英国文化教育协会（British Council）、世界新闻网、美联社、福克斯、美国广播公司、哥伦比亚广播公司、德国、瑞士、新加坡等官方媒体也纷纷加入报道行列，覆盖361种媒体类型，总计全球触达量205 388 669人次，这一数字不仅是对活动成功举办的最好诠释，更是中华文化魅力跨越国界、深入人心的有力证明。

4 场直播受到国内外近 400 家主流新闻媒体的报道，23 家海外高校和教育机构主动预定直播活动，标志着"发现三星堆"系列直播在促进国际文化交流与学术合作方面取得了显著成效。

在英国、美国等国家，直播活动更是收获了热烈反响，数千名海外青少年积极参与互动。通过这一平台，海外青少年深切体会到 3000 多年前的古蜀文明与中国文化一脉相承，绵延不绝，不仅直观感受到了三星堆文化的神秘与瑰丽，更对中国悠久的历史文化有了全新的认识、产生了浓厚的兴趣，为增进中外青年的友谊搭建了坚实桥梁。

美国华盛顿大学教师梁霞认为，这种沉浸式的博物馆游览与考古学家及艺术家的对话，可以帮助美国青少年更好地理解三星堆的文化内涵。全美中文学校协会会长倪小鹏认为，三星堆直播活动充分利用文化数字化传播的技术优势，借助三星堆考古新发现的热度，将考古、艺术和当代生活紧密相连。英国牛津大学教授杰西卡·罗森评价说，三星堆文物反映了古蜀人民高超的技艺和对资源的有效利用。牛津布鲁克斯大学项目经理弗朗西斯卡·雷珀、迪考特女子中学中文部主管老师露西·维克斯均对直播活动环节给予了高度赞赏。英国著名汉学家弗朗西斯·伍德也高度评价了"发现三星堆"YOUTH LINK 系列直播活动，并多次担任直播主持。

全世界都可以相信北京

——北京讲好"双奥之城"中国故事国际传播案例

一、案例概述

"双奥之城"万千气象是最为形象最有特色的北京故事，时事传播体验是最为生动的融合共情传播，科技发展赋能是国际传播最为有力的支撑，业态创新赋能是国际传播最为亮眼的展示，精心设计、精心策划讲好双奥故事是最为重要的工作要求，坚持国际视野、国家站位、首都定位，实现国际传播内容供给需求共生互促是最为关键的首善标准，机制建设、团队建设始终是最为有力的保障。在举办冬奥会的同时，北京成功实现国际传播内容供需互促共生，成功塑造好、传播好"双奥之城"万千气象。

二、品牌定位

以"双奥之城"的形象构建为经，以冬奥盛事为纬；以传统文化为切入口纵横古今，与时代对话；以冬奥的台前幕后为焦点滴水窥海，与受众共情；以打破常规的高科技形式，让互动真实。❶"无与伦比"的北京冬奥盛会促进国际社会更加全面地认识中国负责任的大国形象，更加深入地了解中国人民的热情友好，更加直观地感受中华文化的时代魅力。

三、品牌策略

（一）控主流，控体验，权威供给绘出万千气象

主流舆论是否在自己手里？中外媒体现场感受如何？这些问题对于提高"双奥之城"国际传播能力和效果来说至关重要。

（1）做强新闻发布。 2022北京新闻中心组织新闻发布会15场，邀请国家体育总局、国家知识产权局、科技部、中国残联、生态环境部等中央及地方相关部门65位代表出席，回应社会关切问题150个，全力引领重头新闻和重要舆论方向，确保主流舆论积极正向。中央广播电视总台《新闻联播》播发14条，《纽约时报》也报道并直接引用了2022北京新闻中心主任2月8日的观点，指出"成功举办冬奥会对北京经济增长形成正向效应，是新的经济增长点"。《参考消息》随后转载了这篇题为《美媒报道：冬奥会对中国具有多重正向效应》的文章。

---

❶ 刘平平，邵颖."后疫情"时代北京建设国际消费中心城市形象对外国际传播的困境与实施路径——北京构建"双奥之城"的形象建构与对外传播案例借鉴［C］."创新使命：科技情报与智库建设"论坛暨2023年北京科学技术情报学会年会，2023.

（2）做强城市采访。 2022 北京新闻中心共主办 358 场城市形象采访和火炬传递采访活动，以日均 18 场、1500 千米的总里程，精心策划中外记者现场体验，娓娓展开历史文化、科技创新、高质量发展、和谐宜居四大叙事场景的北京故事。频次之高、密度之大、覆盖之广、准备之充分创历史新高，文化节日体验、科技创新展示、证券市场发展，外媒采访一证难求，在中外媒体圈收获超高人气和热度，受到了广泛赞誉，"双奥之城"的美誉得以进一步彰显。

（二）从场景，从人物，"惊喜盲盒"打造传播顶流

对于 2022 北京新闻中心来说，数千名中外记者能否跟着你的节奏"一起向未来"至关重要。随着冬奥会的成功展开，432 家中外媒体、1770 名中外记者采访报道需求总是层出不穷。围绕最新鲜的新闻、最精细的策划、最厚重的文化、最前沿的科技和最重磅的嘉宾五大要素精心策划。2022 北京新闻中心创造性推出 5 场"惊喜盲盒"新闻活动，从揭秘新闻中心"四大理念"到探访中国工艺美术馆、中国非物质文化遗产馆博大精深，再到故宫看雪、赏《何以中国》开年主题大展，场景顶流，主题顶层；从邀请国际奥委会主席利用元宇宙技术向 1700 余名中外非注册记者"云拜年"并答记者问，到时任中央政治局委员、北京市委书记、冬奥组委主席颁奖冰墩墩，"双奥之城"数百家中外媒体寄语最佳获得者，嘉宾顶流，呈现顶级。创新业态成为一大亮点，"惊喜盲盒"成为传播顶流，登上热搜，火遍内外，产生强大传播效果。

（三）重联动，重视频，境外社交媒体打造移动传播爆款

境外社交媒体是国际传播竞争新赛道，短视频移动传播占比高居榜首，新闻产品如何直达国外受众至关重要。中央媒体、各省（区、市）主流媒体海外社交媒体账号联合发力，不断输出。

北京市境外社交媒体集中联动传播，累计发帖 10 万余条，海外阅读量超 3000 万人次，互动量超百万人次，彰显海外舆论场流量担当。其中，北京市政府新闻办账号累计发帖 800 余条，推出短视频 160 余条，形成诸多传播爆款：原创视频《约旦女主播长城边包饺子》海外阅读量超过 413 万人次、互动 3 万人次、观看量超 20 万人次；《揭秘"老字号"北京烤鸭制作工艺》海外阅读量超过 353 万次、观看量超 35 万次；《Lucien 脱口秀：科技助力"简约、安全、精彩"的北京冬奥盛会》海外阅读量超过 318 万次、观看量超 10 万次。外国网友纷纷评论转发，澳大利亚网友点赞"精彩北京"。

（四）精展览，精直播，内核传播持久穿透

文化传播是最内核的传播，没有文化传播的新闻中心是苍白无力的，持久穿透文化传播，至关重要。展览展示活动坚持国家站位，展现首都担当，发挥冬奥盛会传播平台作用，向世界精彩呈现壮美多姿的中国。

"多彩神州"文化展示活动组织北京市、吉林省、陕西省进行文化展示，特别邀请第十九届亚洲运动会举办地浙江杭州、第三届亚洲青年运动会举办地广东汕头、第 31 届世界大学生夏季运动会举办地四川成都等将举办国际体育赛事的城市，在新闻中心展示本地特色文化内容，每个城市以三天为周期调整。中外记者在紧张工作之余，跟随各省非遗传承人、

艺术家，体验古琴、印章篆刻、剪纸等，打开美丽中国一扇窗。"美丽中国""双奥之城·携手"等精美图片大展也让中外媒体和参观者一饱眼福。2022北京新闻中心20个采访团队、20个拍摄团队、20个服务团队推出20场"双奥之城·看典"直播活动，一天一主题，一图一故事，火炬火种灯设计者、故宫博物院学术委员会主任单霁翔等71名重磅嘉宾做客直播间，累计访问量8106万次。重磅推出尼克松、普京等15位《外国领导人登长城》系列微视频现场发布，"长城""元首""冬奥"三大IP汇聚，厚重而持久，彰显"双奥之城"多元魅力。

（五）如期举办、完美呈现，"双奥之城"世界表达

2022北京冬奥会、冬残奥会简约、安全、精彩，如期成功举办得到国际社会广泛赞誉，世界表达完美呈现"双奥之城"万千气象。

从15场主题发布，到358场城市形象采访，从5场"惊喜盲盒"，到20场"看典"互动，场场精彩，次次火爆，内容供给极大丰富是2022北京新闻中心获得成功的核心关键，新鲜且有深度的新闻信息服务深受中外媒体记者欢迎，收获可喜成果。坚持"内容为王"的重要原则，2022北京新闻中心紧扣关键节点、重要时刻，兼顾国家层面、北京层面和张家口内容主题，强化议题设置，多角度、多维度、多视角策划国际传播内容活动，精心打造冬奥、文化和科技三大主题作为核心IP，与冬奥会主新闻中心双子星相映成辉，共同讲好冬奥故事、中国故事。

四、传播效果

（一）灵敏高效供需机制激发全球媒体热情，全方位展现中国故事

2022 北京新闻中心把体现当代中国价值的北京外宣元素贯穿到方方面面，把北京弘扬文化精髓、精神标识的生动实践、巨大变化、丰硕成果反映充分。连续运营 20 天，推出百幅精品图片展示、千种外宣品展陈，提供素材图片千余张、视频 1800 多分钟、外宣品 5 万件。

每日早 8 点开始城市采访、上午 10 点新闻发布、下午 2 点"双奥之城·看典"、晚上 6 点"大戏看北京"冬奥演出。每日 1 场主题发布场场爆满，每日 3 场城市采访供不应求，每日 15 场个性化采访有求必应，3 天 1 场"多彩神州"展览展示让人期待，4 天 1 场惊喜盲盒让人惊艳。新闻活动全天不断，新闻素材饱满足实、样式丰富、形态多样、业态新颖。据统计，累计举办新闻活动 412 场，吸引了 2431 家媒体机构的 22 820 人次中外记者参与，激发了他们的报道热情，最终促成了 1.62 亿条原创新闻的刊发。

所有的新闻活动、素材信息提供有求必应，既要足的数量，更要高的质量展现"双奥之城"万千气象的方方面面。国际奥委会转播商机构对举办城市素材提出了无限需求，部分主要转播商要求在北京重要地点连续全天候直播采访 30 余天，2022 北京新闻中心根据主题传播和形象塑造需要，精选天坛、长城、什刹海、国贸四个点位精心组织主转播商电影式记录拍摄，特别是风雪中的天坛拍摄提供了千载难逢的绝佳镜头。

432 家中外媒体 1770 名中外记者提出个性化采访需求。2022 北京新闻中心启动全市派单接单三级响应机制，全天候备访、全方位接单、专员制负责、主题式提供，既满足采访需求，又展示包容开放形象，心中坚守

的是中华文化立场、北京形象。

2022 北京新闻中心通过全角度、超大量的新闻叙事内容,全天候全素材的新闻服务模式,成功践行"新闻+服务""新闻+文化""新闻+科技""新闻+形象"四大理念,全面展示世界上第一个"双奥之城"北京新气象,打造可信、可爱、可敬中国形象的"首要窗口",巴赫先生评价 2022 北京新闻中心"无可挑剔"。

（二）新闻中心汇聚全球声浪,共绘"双奥之城"辉煌篇章

对媒体而言,2022 北京新闻中心成功塑造出了"全世界都可以相信北京"的理念和共识。巴赫"云拜年"活动第一时间征集到 110 个采访问题;"双奥之城·寄语"半天时间汇聚 162 条"双奥之城"媒体寄语,1100 余名中外记者参与;城市采访第一时间收到 4600 余封报名邮件,热烈程度远超预期,众多报道成为传播"爆款"。

央视记者在报名城市采访活动说,"这段时间安排的都是热门选题,太抢手了。后面的报名是每小时刷新网页才抢到的,有中奖的感觉"。日本广播协会记者藤田正洋表示,以冬奥会为契机,城市采访活动让他接触到许多平时不易接触的采访对象。法国电视一台记者参加"惊喜盲盒"活动说:"活动组织得很好,能在雪天到故宫看展,这个体验让人既惊喜又难忘。"香港经济导报记者感叹:"2022 北京新闻中心带领中外记者从北京的全世界路过,我们可以相信北京的办赛能力,相信北京的营商环境,相信北京的宜业宜居,'全世界都可以相信北京'。"

对北京而言,2022 北京新闻中心超强内容供求互动,162 名记者由衷发出"双奥之城"寄语,让我们看到了"双奥之城"的独特魅力。如期成功举办冬奥会既是履行对国际社会的承诺,又搭建起不同文明交流互鉴的

舞台，北京成为全球首个"双奥之城"，凝聚起人类命运共同体共识，奏响团结合作"一起向未来"时代强音。

对国家而言，2022北京新闻中心中外媒体1.62亿条原创报道让世界看到了中国之治的强大力量。如期成功举办冬奥会，充分彰显我国"言出必行""重信守诺"的大国担当，向世界传递中国方案、中国理念、中国文化，向世界展示新时代中国的崭新面貌，谱写了中国故事创新传播的新篇章。

对世界而言，如期成功举办冬奥会，为奥林匹克运动的可持续发展积累了有益经验，成为人类命运共同体理念在国际体育领域的一次生动实践，让世界各国人民更加期盼一个文明互鉴、更加团结的人类美好未来。

"新疆是个好地方"

——新疆维吾尔自治区文旅品牌国际传播案例

一、案例概述

为进一步提升新疆国际传播能力，展示新疆特色文化和旅游资源，新疆维吾尔自治区文旅厅认真贯彻落实中央和自治区党委一系列重大决策部署，以挖掘和打造"新疆是个好地方"文化和旅游品牌为抓手，加强省部合作，加大"请进来""走出去"空间，成功举办"新疆是个好地方"中国新疆文化旅游周线上线下交流活动，不断拓展对外文化交流合作渠道，提高对外文化交流水平，力争向世界讲好绿色、开放、多彩、和谐的新疆故事。

新疆维吾尔自治区文旅厅在 2022 年度，已开展比利时线上新疆文化和旅游周（2021 年 12 月）、日本大阪线上新疆文化和旅游周（2022 年 3

月）、比利时线上新疆文化遗产周（2022年6月）三次活动。通过创新工作理念思路，拓宽传播平台载体，全方位、多角度、多渠道、立体化宣传报道，取得显著宣传效果。

二、品牌定位

为贯彻落实习近平总书记考察新疆时的重要讲话精神，深入开展"文化润疆"工程，促进中华文化与世界文化更好地交流互鉴，积极向国际社会充分展示新疆社会稳定、民族团结、宗教和睦、经济发展的大好局面，展现新疆各族人民自信、开放、包容、和谐的良好风貌。新疆维吾尔自治区文旅厅开展"新疆是个好地方"中国新疆文化周项目，充分利用线上线下资源，多渠道开展全球化、区域化和分众化的文化旅游推广工作，展示好新疆特色文化和旅游资源，持续提升新疆文化和旅游国际影响力，有形有感有效讲好中国新疆故事。

三、品牌策略

（一）"旅游＋文化"深度融合，立体呈现魅力新疆

（1）线上线下融合展现新疆文化深度。"新疆是个好地方"中国新疆文化旅游周，通过线上线下深度融合的传播策略，打破地理界线，深度挖掘并展现新疆独有的历史人文底蕴与丰富的文化遗产。通过《国宝里的新疆》纪录片、国家级非遗技艺短视频、《乘着歌声游新疆》等文艺精品，以及龟兹石窟壁画艺术线上虚拟展，从多个维度立体勾勒出新疆的辉煌历史与多彩文化，让全球观众感受到新疆独特的魅力与深邃的文化内涵。

（2）**多元数字产品构建新疆文旅盛宴。**聚焦自然风光、文化底蕴、非物质文化遗产、地道美食及民族歌舞等多元主题，新疆维吾尔自治区文旅厅精心打造了一系列数字产品：展现壮丽景观与人文风情的《新疆文化旅游宣传片》；揭秘冬日新疆银装素裹的《冰雪之美》；探索传统技艺独特魅力的《遇见非遗》；汇集多彩民族歌舞精华的《"新疆是个好地方"歌舞集锦》；引领味蕾穿越千年丝绸之路的《舌尖上的丝路美食》……以短视频、海报、微纪录片等多种形式的数字产品，构建一个多元、立体的新疆文化旅游数字世界，让全球观众能够多角度、深层次地体验新疆之美。

（3）**虚拟技术赋能沉浸式体验龟兹文化。**利用前沿虚拟现实技术，新疆维吾尔自治区文旅厅推出《龟兹文化虚拟展》等 H5 数字产品实现文物数字化展示，深入挖掘新疆自然风光与历史文化内涵之间的底层逻辑，让全球观众仿佛置身于千年之前的西域文化殿堂，深刻感受龟兹文化的独特韵味与深厚底蕴。

（4）**创新文创产品搭建艺术桥梁**。新疆维吾尔自治区文旅厅还创新推出系列新疆文创产品，涵盖重现古丝绸之路艺术瑰宝的龟兹壁画临摹系列、融合历史与现代设计的独特纪念品"五星出东方"系列、传承千年音律之美的"民族乐器"系列、守护与传承非物质文化遗产的精美之作"非遗系列文创产品"等，每一件作品都是对古丝绸之路艺术瑰宝的致敬，也是对新疆非遗文化的传承与创新。这些文创产品不仅具有极高的艺术价值，更成为连接过去与未来、东方与西方的文化桥梁。

（5）**全球共舞互动教学新模式**。为增强新疆特色文化的国际传播力，新疆维吾尔自治区文旅厅特别策划了"教你来跳新疆舞"直播教学活动，精选维吾尔族、哈萨克族、柯尔克孜族等少数民族优秀舞蹈演员，以直播形式与海外观众实时连线，进行线上线下相结合的互动教学，让世界各地的朋友都能感受到新疆歌舞的热情与魅力，共同促进文化的交流与理解。

不仅丰富了文化传播的形式，也极大地提升了新疆文旅品牌的国际影响力和吸引力。

（二）话题引领，多元策划，展现全球视野下的多彩新疆

在全球旅游逐步回暖的背景下，新疆文旅活动以独特的视角和创新的策略，成功吸引了国际社会的广泛关注。借助日本大阪总领馆招募疫情后赴新疆旅游的话题，新疆维吾尔自治区文旅厅举办日本大阪线上新疆文旅周，激发日本民众对新疆的无限向往，成功吸引大量日本人参与线上周活动。2022年6月11日世界自然遗产日之际，新疆维吾尔自治区文旅厅借势围绕"自然与文化的交响"主题开展比利时线上新疆文化遗产周，向全球展示了其独特的自然风光与文化遗产。**新疆以自身丰富的旅游资源和深厚的文化底蕴为基石，通过精准的话题设定与活动安排，不仅加深了新疆历史文化遗产的国际认知，更在全球范围内掀起了一股探索新疆、了解新疆的热潮。**

同时，新疆维吾尔自治区文旅厅精心策划了丰富多元的传播内容，全方位展现新疆的独特魅力。打造自然风光系列短视频领略浩瀚沙漠、苍茫戈壁、葱郁绿洲、广袤草原、逶迤雪山、湛蓝湖泊、丝路古道与浓郁民族风情，展现大自然的鬼斧神工；《遇见非遗》系列视频聚焦新疆非遗文化，讲述木卡姆、玛纳斯和麦西热甫等非遗传承人及非遗传承项目的故事，展现深厚文化底蕴；冰雪旅游专题则传递新疆冬季独特的冰雪景观与运动魅力，吸引冬季旅游爱好者；推出《"新疆是个好地方"歌舞集锦》以少数民族歌舞艺术为切入点，展现新疆丰富多彩的民族歌舞艺术，传递浓郁地域风情；《舌尖上的丝绸之路》微纪录片通过美食故事展示丝绸之路贸易往来和文化交融对于饮食文化产生的重要影响，让观众在品味美食的同时

领略历史与文化的深邃。

（三）全媒体矩阵，多渠道联动，共绘美丽新疆国际传播新篇章

新疆维吾尔自治区文旅厅通过跨领域、跨平台、跨媒介的资源整合，统筹国内媒体和国外媒体、中央媒体和区级媒体、传统媒体和新媒体、主流媒体和行业媒体，构建起一个国内国外合作、中央地方配合、网络媒体覆盖、线上线下联动的全媒体宣传推广矩阵。

新疆维吾尔自治区文旅厅不仅携手文化和旅游部、外交部、国务院新闻办、新华社、央视新闻、人民网、新华网、光明网、环球网、今日头条、文化和旅游部中外文化交流中心官网等400余家国内外权威媒体，利用网站、微信公众号、移动客户端、微博等多渠道宣传推广，实现了信息的快速裂变传播，吸引大量网友广泛关注、热烈讨论，形成了良好的口碑效应。在国际传播领域更精准定位传播平台，以驻比利时王国大使馆、布鲁塞尔中国文化中心、日本驻大阪总领馆、日本大阪旅游办事处官方平台等官方机构、主流网站及 Facebook、Twitter、YouTube、微信公众号等社交媒体为核心，根据新疆文旅周的不同主题与阶段，实施精准投放，形成强大合力，不仅加深了国际社会对新疆美丽风光与丰富文化的了解与认识，而且进一步提升了新疆在国际舞台上的知名度和美誉度。

四、传播效果

"新疆是个好地方"新疆文化和旅游周通过一系列精心设计的线上线下互动与展示拓宽了国际传播路径，不仅精准呈现了新疆在经济建设与社会发展上的显著成就，深入展现了各民族间和谐共生、团结奋进的生动实

践，而且全方位、多角度地展示了新疆得天独厚的自然风光与丰富多彩的旅游资源。为比利时、日本等国家的民众开启了一扇通往美丽新疆的窗口，加深了国际社会对中国新疆的了解与认知，让世界看到了可亲可敬可爱的中国新疆。

据新疆维吾尔自治区文旅厅报道，比利时线上新疆文化和旅游周活动以比利时为着力点面向欧洲，以新疆多元一体的历史文化、壮美的自然风光、和谐发展的社会现状为内容，在中国驻比利时大使馆、布鲁塞尔中国文化中心媒体平台集中推出展览、微视频、美食、音乐、电影和旅游线路推介6个项目，打造内容丰富、形式多样的线上传播平台。国内326家媒体对活动进行宣传报道、多渠道刊发，全网浏览量达到1.1亿人次，在中国驻比利时大使馆和布鲁塞尔文化中心媒体平台等当地各类宣传渠道上点击量达6.3万次。

日本大阪线上新疆文化和旅游周活动，由新疆维吾尔自治区文旅厅联合文化和旅游部中外文化交流中心、中国驻大阪总领事馆共同举办。活动以新疆深厚的历史文化底蕴、绚烂缤纷的民俗文化、独特的人文地理景观为主要内容，精心制作了宣传片、风景、美食、文物介绍、非遗展示等9个板块内容，在中国驻大阪总领馆、中国驻大阪旅游办事处官方平台展播。国内有180家媒体对日本专场活动进行宣传报道，全网浏览量达9000万人次，在日本当地媒体及平台点击量达17.24万次。

三次线上周活动，全网浏览量累计达5亿人次，呈现出内容多元、参与媒体众多、传播层次丰富、互动效果良好和影响广泛等特点，有形有感有效讲好中国新疆故事。

"歪果仁研究协会"群像 IP 养成之路
——"歪果仁研究协会"国际传播案例

一、案例概述

"歪果仁研究协会"（以下简称"歪研会"）于 2016 年 10 月正式创立，愿景是"让世界更了解中国，让中国更了解世界"。该频道因独创的外国人街头采访系列走红网络，会长高佑思（Raz Galor，以色列）以轻松、幽默的方式采访生活在中国的外国人，呈现出外国人视角下的中国，又或带着中国人对国际的好奇在采访中收获来自国际视角的答案。副会长星悦（Lila Kidson，美国）的加入，为歪研会的内容创作带来了更多可能性，越来越多的视频创意和形式被生产出来，收获了一大批依赖互联网获取信息的"Gen Z"❶粉丝。

四、品牌策略

内容创作的过程中,歪研会结识、吸引了一批有才华和潜力的跨文化表达者,从此便有了"COL"这个独创概念,指的是在跨文化传播领域具有领袖作用的表达者。他们通过歪研会这一多元化、国际化的平台表达和传播自己的观点,深度挖掘并分享着跨越国界的独特见解与体验,成为群像IP的一部分。同时歪研会也帮助他们建立和孵化自己的个人账号,使他们可以拥有自己的观众、表达更深的观点。这一举动不仅丰富了歪研社的内容生态,更为COL开辟了专属的观众领地。COL有些拍摄国内的体验、有些展现国外的风情,满足了很多种好奇、慰藉了很多颗思乡之心。特别是在特殊公共卫生事件期间,让大家得以看到更大的世界……

(一)内容升级策略:构建结构化范式,提升传播效能

在内容创作的过程中,歪研会逐渐意识到,从灵感迸发的碎片化创作转向系统化、框架化的内容范式,是提升传播效果与观众体验的关键,可以更高效地进行信息传播与信息获取。为此,歪研会精心策划了一系列独具特色的内容,除"街头采访"系列外,歪研会还诞生了**"别见外"**——以伪纪录片的形式展现外国人体验中国特色职业的趣味与深度、**"非洲人研究协会"**——记录外国人在非洲的独特体验、**"农村计划"**——外国人深入中国农村,挖掘鲜为人知的故事等。通过对这些系列的系统化分析

---

❶ "Gen Z"是"Generation Z"的缩写,用来指代出生于1995年至2010年之间的一代人。

（包含文字反馈和数据分析）与优化，歪研会不仅巩固了热门系列的受欢迎度，而且激发了全新的创作灵感，形成内容创新与传播的良性循环。

（二）构建独特传播体系：引领跨文化内容生态的秩序之美

群像 IP 之下，每个内容表达者都有其独特的舒适区：有些擅长传播自己国家文化，有些对中国的体验更感兴趣，有些潜心深耕一种内容垂类，有些探索内容广度的宽阔……为了更好地管理多元化的内容生态，歪研会创造性地构建了"内容二维坐标系"与"内容三级火箭"，以及"热点下的内容创作准则""优质脚本的结构拆解"等，旨在为看似差异和零散的内容创作世界里建立自己的生存说明书和管理秩序。

"内容二维坐标系"通过横轴（外国 / 中国），纵轴（深度 / 广度）把所创作的内容划分为四个象限，精准定位每个内容系列的市场定位与受众群体。每个内容系列都有自己所在的位置，收获到的粉丝也相对精准地待在他们所感兴趣的象限里，实现内容的精细化运营；"内容三级火箭"是从内容表达口径、视角、方向和价值取向四个维度对内容进行逐级价值递增，让不同内容都具备自己的升级策略。

优质的内容是多样不一的，歪研会总结和构建出优质内容的传播体系是为了在时间长、数量大的标准化生产过程中尽量建立秩序和管理方式，为内容创作提供更清晰的指引，而非限制内容生产的标准，鼓励创作者在遵循规则的同时勇于创新与突破。最终，优秀的创作者都需要在遵循秩序与追求创新之间找到一种平衡。

（三）IP 价值持续扩张：共筑跨文化交流的桥梁

歪研会作为跨文化视频创作领域的领航者，不仅为来自不同背景的 COL 提供了统一表达的平台，更通过全方位的支持体系帮助他们建立个人账号、优化内容生产、增强与观众互动，形成独有的、充满活力的跨文化视频创作生态圈。

这一生态圈不仅为更多才华横溢的跨文化传播者提供了表达的价值，也为更多有跨文化情怀的品牌与组织提供了独特视角的宣传价值。这些年来，歪研会几乎和诞生不久的自媒体行业共成长、同进步，不管市场风向和视频数据如何变幻莫测，歪研会的每一个视频创作者始终不忘初心，致力于"让世界更了解中国，让中国更了解世界"，推动跨文化交流与价值传递的边界不断拓展。**在这一过程中，歪研会群像 IP 的最伟大的价值，莫过于让一群容易被质疑和误解的表达者坚守初心，共同书写跨文化交流的新篇章。**

五、传播效果

歪研会现已成为中国最大的跨文化新媒体内容机构，这些年来活跃于包括哔哩哔哩、微博、抖音、西瓜、Facebook、YouTube 等国内外新媒体平台，主账号全网粉丝超过 1 亿，总播放量超过 20 亿次。其中，首创的外国人街头采访系列全网总播放量超过 10 亿次，收获了大量 18 至 25 岁粉丝的喜爱，成为 "Gen Z" 了解中外文化碰撞的重要渠道之一。

作为外国人群像 IP，除了主账号的成功外，歪研会还成功帮助超过 30 个来自世界不同国家和地区的外籍跨文化内容博主建立和孵化自己的账号，拥有了国内最大的外籍博主矩阵，作为 MCN（多账号内容机构）现全网已拥有超过 3 亿粉丝，全网播放量超过 50 亿次。主账号（群像 IP）与孵化账号（个人 IP）共同构建了良性循环的外国视频博主的生态圈，也具备了为有文化传播需求的品牌定制整合营销策略的能力。

"美狮" IP

——美高梅品牌国际传播案例

一、案例概述

身为澳门文旅领域的先行者和引领者的美高梅中国（以下简称"美高梅"）自 2007 年正式进入中国市场并在澳门开业以来，便持续致力于与岭南文化相互交融，通过"以文塑旅，以旅彰文"文旅融合为发展方向，为澳门打造前所未有的原创精品旅游盛事。美高梅更将品牌经典的狮子形象与岭南醒狮文化精神内涵中自强不屈的民族魂深度融合，首创"美狮"IP 并赋予其三大核心的品牌精神内涵：一是热爱中华文明始终如一的"初心"；二是积极融入国家大局及大湾区发展，建设高质量及人文湾区的"雄心"；三是坚持"原创""创新""文化""科技"齐头并进的"匠心"。

传承岭南醒狮文化，既在于固本，也在于开新。美高梅围绕"美狮"IP，积极贯彻"旅游+"概念及品牌精神，每个以"美狮"IP作延伸的项目皆融入新元素，并辅以新的演绎手法，务求令传统文化趋向现代化、年轻化，扩大涉及的年龄层。让游客透过"美狮"IP原创精品项目体验回味无穷的全新游览体验和美好记忆；同时激发并提升大众对岭南文化及醒狮文化的认知和兴趣，传承及发扬澳门的独特中西融合文化的效果。通过跨界共创等手段，"美狮"IP具有很强的延伸性，拥有源源不绝的生命力。美高梅希望每位游客通过思考与探索品牌独一无二的活动体验，让"美狮"IP在每一位游客的心里延续力量，成为他们未来人生的鼓舞和激励，为人生的旅程开展新起点。这也正是"美狮"IP品牌战略保持生命力的关键且独到之处。

二、品牌策略

澳门是一座历史名城，是中国通往世界的南大门之一。作为近代中西方文化交流的重要枢纽，一直保存着中华文化的优秀传统。澳门也是一个多元文化共存的城市，既拥有着400多年中西荟萃的文化底蕴，也是海上丝绸之路的重要节点。从根源来说，澳门文化属岭南文化，而岭南文化是悠久灿烂的中华文化中重要组成部分，采中原之精粹，纳四海之新风，具有务实创新、开放兼容等特点，对岭南地区乃至全国的社会文化发展都起着积极的推动作用。多元共融的澳门正好承载了岭南文化的精髓。

作为岭南文化里醒目的标志之一，"醒狮"文化既是中国舞狮的一个南方分支，也是岭南民俗文化的优秀代表。广东醒狮更是早已被列入首批国家级非物质文化遗产名录。由于醒狮文化广泛流传于全球各地华侨社群之中，被世界广泛熟知，因此坊间流传着"有华人之处，必有醒狮"的说法。

"美狮"IP的品牌战略，就是要将历史悠久的岭南醒狮文化与美高梅企业的狮王形象融合，在继承中华古典文化美学的同时，以现代创新技巧给予文化新的生命力。除了在文化旅游方面不断推出专属活动及崭新体验之外，也鼎力推动"旅游＋"的发展，以此促进澳门旅游业多样化发展。"美狮"IP成功为澳门本地打造了一系列专属且具代表性的原创活动，吸引全球的休闲文化游客前来澳门体验独特的中西方文化融合魅力和多元化高品质旅游服务，推动粤港澳大湾区融合发展助力澳门成为享誉国际的"世界旅游休闲中心"。

经历过去十几年的发展，"美狮"IP目前已经成为美高梅独一无二、大放光彩的优秀城市品牌战略。运用极具生命力和历史文化内涵的"美狮"意象，美高梅在亚太地区树立起了高端的文化旅游企业品牌形象，扩大了美高梅品牌积极影响力和知名度，成为地区内遥遥领先的综合文化休闲旅游的领导者。

（一）六大核心品牌策略

（1）本土化原则。 本土化原则是美高梅打造"美狮"IP品牌策略的根基，它奠定了"美狮"IP深入人心并不断壮大的基础。美高梅将"美狮"IP与中国传统"岭南文化"相结合，探索和挖掘岭南"醒狮"文化中悠久丰富的人文历史内涵。通过与岭南醒狮文化的完美联结，让"美狮"IP成为具有中国传统文化灵魂，拥有广泛本土群众基础，享有高品牌价值的文化IP。

（2）国际化平台。 美高梅秉持合作共赢的理念，透过艺术典藏，艺术展览，成为联结东西方的桥梁。在"一带一路"倡议的推动下，美高梅通过这些艺术活动，把全世界的文化带到中国，同时也将中国文化推向全世界。美高梅将"美狮"IP打造成为传播岭南文化的绝佳国际化平台,来自世界各国的游客在美高梅切身感受到中国岭南文化的人文艺术、体育活动及美食风味等。

(3) 差异化定位及产品。 作为澳门本土的综合休闲旅游企业,美高梅率先提出以"旅游+"的发展理念,并坚持以原创"美狮"IP形象为核心,创新传承岭南文化为主轴,为新时代旅客创造出一种品味澳门的全新独特方式,成为区域内以IP形象成功实现全方位企业品牌提升和城市形象推广的先驱者和佼佼者。

(4) 科技推动原创创新。 在"美狮"IP的系列品牌活动中,美高梅坚持"以文塑旅、以旅彰文",并特别注重运用"科技+原创"的创新手法。通过这种方式,美高梅打造了一个融合多元文化和崭新互动体验的艺术平台,实现对中华传统文化的创造性转化、融合和提升,为游客和观众,尤其是面向年轻一代,打造出独具魅力的文化艺术新体验和中华文化旅游的新感受。

(5) 社会责任实践。 除了文化艺术领域内的合作与创新之外,"美狮"IP更是美高梅中国实现企业可持续发展,积极承担社会责任,关心培养下一代的长期战略和重要平台。它代表了美高梅立足澳门、根植于大湾区、成长于中国、放眼全世界的责任感和使命感。

(6) 焕活"美狮"IP的生命力。 作为美高梅的品牌形象代表,"美狮"IP是美高梅未来实现文旅融合的长期发展战略和重要依托。它不是昙花一现的快时尚,而是具有生命力、表现力、高价值和高兼容力的IP品牌典范。它以"美狮"IP形象为核心,创新传承岭南文化为主轴,衍生出一系列文化、艺术、体育的旅游盛事。历经十几年的发展壮大,"美狮"IP持续自我优化升级,兼容并蓄,不断带动引领更多更好的文旅产业新产品、新活动、新盛事,与游客见面。

在上述品牌策略的指引下，围绕"美狮"IP这一核心，美高梅在过去十年中打造了一系列独具特色且富有原创精神的品牌及营销活动。这些活动广泛跨界，涉及传统非遗文化、东西方现当代艺术、文化娱乐表演、原创科技、美食艺术、人才培养、企业社会责任及国际交流等多个领域。通过"美狮"IP与这些领域的创意融合，美高梅不仅充分彰显并发挥了"美狮"IP的精神和自身企业品牌形象，还促进了岭南醒狮文化和澳门融合文化的传承与发展。同时，这也极大地助力了澳门作为世界旅游休闲中心和文化交流平台的国际地位和形象的推广。

（二）四大突出品牌活动

"美狮"IP中主要突出的品牌活动案例包括《苏醒》大型艺术特展、《醒狮美高梅》大型科技民族舞剧、美高梅狮王争霸赛、美高梅幼狮培训计划"和"殿'糖'雕塑艺术特展"等一系列享誉地区内的文化艺术品牌活动。

（1）文化＋展览。如何将创意元素引入"美狮"IP，与岭南文化产生联结，打造出原创且具差异化产品一直是美高梅思索和实践的重要领域。适逢第二届"艺文荟澳：澳门国际艺术双年展2021"载誉归来，2021年美高梅策划了首个以岭南"醒狮"为题的大型艺术特展——《苏醒》。《苏醒》寓意国家在国际赛台的地位日渐壮大，就像一只敢于破旧立新的苏醒之狮，提升中华民族文化认同感。美高梅在糅合传统岭南"醒狮"文化的基础上，与各领域的艺术家展开合作，围绕"美狮"IP形象，展开一系列"群狮荟萃"的全新艺术企划。

其中，展览的点题画作《苏醒》由知名艺术家刘国夫创作。作品溯源中国水墨传统，却别出心裁地使用了源于精神层面的图像，彰显独特的当代东方美学。卷轴式的构图里，东方雄狮正俯卧其中，正在缓缓苏醒的不仅是画中的雄狮，更是大众对中华文化的认同感。展览另一代表作《醒狮》，是艺术家薛松特别为《苏醒》艺术特展打造的作品。这幅作品的特别之处在于运用了"火"的力量，将燃烧后的图像重新解构，重组、拼贴出极具中国文化魅力的作品。画作中，一头雄狮以承载着华夏气韵的石狮堆叠为底座，横跨千年的累积，栩栩如生的威武雄姿，犹如立足于当下，又即将踏上更广阔的世界舞台，象征着东方文化自信的觉醒。美高梅凭借其国际平台，加上展览作为载体，把中国的艺术文化呈现给世界各地的游客。

（2）**文化 + 科技**。美高梅在发扬中国传统文化、继承中华古典美学的同时，也积极突破创新，以现代科技推动传统元素的融入创新，为游客和观众呈献别具一格的艺术盛宴与文旅体验。美高梅糅合传统岭南"醒狮"文化意涵，将历史悠久的舞狮文化与美高梅的"美狮"IP形象融合，使源远流长的艺术文化焕发新生。在"十四五"开局之年，美高梅推出大型民族舞剧《醒狮美高梅》。《醒狮美高梅》依托美高梅剧院的全球最大永久室内LED屏幕及顶尖规格的黑盒剧场设备，并对中国舞蹈最高荣誉"荷花奖"舞剧奖得主《醒·狮》进行了大刀阔斧的提升，无论在人物造型、视频背景、舞美道具、舞蹈编排，甚至音乐运用方面都力求更上一层楼。美高梅突破性地开创了"艺术 + 科技"新模式在挖掘醒狮文化精髓的基础上，以科技突破了大众对民族舞剧的固有的想象。在满足现代观众的观赏需求之余，也起到了传播岭南非遗文化、凝聚全球华人、唤醒文化自信自强的作用。

（3）**文化 + 特色体育竞技**。正所谓文体不分家，美高梅将历史悠久的舞狮这一民间体育活动，与"美狮"IP的精神象征相融合，于2010年首创了美高梅狮王争霸赛。经过十多年来的不断推陈出新，美高梅狮王争霸赛已经成为广大市民、民间团体及网友喜闻乐见的体育文化盛事,大大提升了美高梅的品牌认可度和社会影响力,对岭南文化和"舞狮"运动的传承和发扬起到了重要的作用。2018年和2022年,美高梅狮王争霸赛更移至美高梅剧院内举办,除了让一众舞狮好手比赛交流外,也提供更大的舞台让他们表演,让观众更好地欣赏舞狮的精彩之处,唤醒当代社会对文化传承和体育精神的重视。

为了让新一代能从小接触中国传统技艺、普及舞狮运动和岭南文化,美高梅自2015年推出"美高梅幼狮培训计划"。2018年在全球首创了"幼狮表演赛",2022年更是增设"青少年传统南狮赛",进一步培育青年舞狮新秀,推动岭南文化的薪火相传。此外,美高梅也积极承担社会责任,连同澳门特殊奥运会,携手成立由澳门智力障碍人士所组成的共融舞狮队——《智美醒狮队》。透过一系列"智美醒狮献关怀"的活动,让他们发挥才能,服务社区,让大众看见人人皆可舞狮。接下来,美高梅会继续增强澳门与大湾区在特色体育竞技项目上的合作交流,并用好"美狮"IP,推进澳门乃至大湾区文体新业态的发展进程。

(4)文化+跨界。创新"殿'糖'雕塑艺术特展"是美高梅将"美狮"IP本土化的又一典型案例之一。2023年年初,美高梅秉承"原创+创新"的"美狮"匠心,携手具有"中国糖王"美誉的中式翻糖手艺人周毅,将源自西方的翻糖艺术,与中国传统非物质文化遗产工艺面塑相结合,打造出令人惊艳的国风艺术。以现代手法及创新媒介,打破常有展览的规则,演绎中国节庆、礼仪和民间生活风貌,全方位、多角度将文化艺术以最贴近生活的方式呈现,讲好中国故事,也为游客营造崭新的文旅体验。

其中,作为展览最令人惊艳的作品之一,高190厘米的《醒狮》雕塑以岭南风俗中的"舞狮"与"饮茶文化"元素为核心,演绎岭南文化的生活故事和风貌，为文化艺术注入"国潮"力量，引领国内外游客探索非遗文化魅力。通过跨界的合作，增强"美狮"IP 的兼容力及表现力，充分体现了"美狮"IP 对于"醒狮"文化的多维度创新演绎和传承发扬。

三、传播效果

美高梅一直致力以崭新多元的方式，持续把活动效率推到峰值。在传播效率方面，美高梅走在社会大数据的尖端，不断加入创新理念，把活动的内容及其宗旨融入传播计划中。

特殊公共卫生事件使线上媒体的发展迎来新机遇，不仅加强了内容的传播能力，而且扩大了受众范围。面对新的传播趋势，美高梅迎合大众，积极活跃于线上平台。采取"线上线下联动"的新方式宣传一系列原创"美狮"IP 品牌活动。

科技民族舞剧《醒狮美高梅》在澳门美狮美高梅进行首次公演的时候，美高梅邀请了澳门的主流媒体《澳门日报》为活动进行影片拍摄，内容涵盖美高梅与广州歌舞剧院双方的合作理念、脚本的重新打造、活动制作、演员排演，让观众在欣赏剧目的同时，也能了解当中蕴含的深厚意义。"美高梅狮王争霸赛"与澳门主流媒体合作，首次在 19 个社交平台上进行全国范围的网上直播，让身处外地的观众也能在线欣赏此年度体育文化盛事，两天吸引近 400 万人观看。《醒狮美高梅》和"美高梅狮王争霸赛"两项活动，仅在活动一周内已创造近 400 篇相关报道，全网曝光量接近 2 亿次。

线下方面，一系列的原创"美狮"IP 品牌活动如发布会"醒狮美高梅""美高梅狮王争霸赛"和艺术特展等，2022 年吸引超过 100 万人次的实际参与，当中包括本地与外地政府及社团人士、广大市民及国际旅客；

同时美高梅也全力推动线上推广，邀请了主流媒体、自媒体、网红为活动进行报道宣传。

最新的"美狮"IP品牌活动"殿'糖'雕塑艺术特展"自开幕以来，4个月的时间已取得将近4万的入场人次，活动开幕仪式的现场直播更高达170万人观看。美高梅更于农历新年期间，于美国拉斯维加斯金光大道上投放大型户外广告，向3000万国际旅客宣传品牌活动。

未来十年，美高梅还将持续围绕"美狮"IP品牌战略结合澳门"旅游+"高质量多元化城市经济发展，进行更深层级的创意探索和实践，全力将"美狮"IP打造成澳门城市最靓丽的文旅名片。

"本地人自豪，外地人向往"

——石家庄城市文旅品牌国际传播案例

一、案例概述

为深入学习贯彻习近平总书记关于宣传思想工作的重要论述，全面贯彻党的二十大精神，加快构建中国叙事体系，讲好中国故事的石家庄篇章，石家庄市委宣传部与凤凰卫视集团建立了全面合作关系，拟订战略合作计划，在凤凰卫视、凤凰网推出"文化大观园""双语城市宣传片""政能亮"等一整套传播规划，利用全媒体传播体系开拓传播渠道提升石家庄国际影响力。

凤凰卫视、凤凰网组织专业团队，前期与石家庄市委的深入交流，与各级宣传部门沟通协调，摄制人员实地走访堪景，最终选定充满神秘色彩的中山古国作为切入点拍摄《文化大观园》的开篇之作。2023 年 3 月底，

《文化大观园》栏目组携著名学者、主持人王鲁湘共同奔赴石家庄展开了本次栏目的拍摄。经过半个月的深入拍摄和精心制作,《中山古国》专题节目于2023年4月8日在凤凰卫视中文台的《文化大观园》栏目中上线播出,该节目以独特的视角引领观众穿越时空,用镜头带观众走近石家庄、走近已经消失了两千多年的中山国,述说"战国第八雄"的神秘故事。节目上线前后,凤凰卫视与凤凰网依托其遍布全球的媒体资源,展开了全方位、立体化的宣传推广,有效扩大了节目的影响力与覆盖面。

二、品牌策略

(一)聚焦高质量发展,台网新闻"刷屏"石家庄

凤凰卫视、凤凰网及凤凰网河北频道深刻感知石家庄的发展动态,用新闻、专题、直播等多种媒体形式,聚焦石家庄市发展的重要部署、重大事项和关键节点,为全球华人展示石家庄市场化、法治化、国际化的营商环境,增强石家庄对企业、项目、人才的吸引力。将石家庄党建引领、产业集群、社会治理、城市风光、旅游景区、民俗风情等视频素材用于凤凰卫视海内外电视媒体的新闻中;并助力传播石家庄重要新闻,通过《时事直通车》《凤凰正点播报》等欧洲台、美洲台并机播出的新闻栏目向全球播报;在凤凰网开设"现代化、国际化美丽石家庄"专题,集纳相关内容;全年对石家庄市的重要工作、文体活动等进行网络直播。

(二)挖掘"城市更新"故事,优质栏目讲述石家庄

凤凰卫视集团依托《近观中国》《政能亮》《这局好玩儿》等优质栏

目，汇聚留学生、资深中国通、权威政界专家、国际传播领袖、本土政府官员及当地居民等多维视角，深度挖掘并讲述石家庄在快速发展与城市更新中的鲜活故事，以全球化的视野和人文温度，彰显这座美丽省会城市的独特魅力与日益增强的国际影响力。

《近观中国》作为凤凰卫视的标志性栏目，采用"中菜西做"的独特模式，巧妙地将西方视角融入中文叙事。每期节目邀请外国友人担任主角，深入中国腹地，体验别样生活、探寻热点事件、对话不同人群，以西方人的眼光探寻有趣、多元、新奇的华人社会，亲身体验石家庄的变迁与魅力。通过他们的镜头与话语，展现一个更加真实、多元、引人入胜的石家庄，让国际观众以全新的视角理解和感受这座城市的活力与魅力。

《政能亮》作为凤凰网与国务院办公厅联合打造的大型政论品牌，不仅是政治领域的权威声音，更是连接政府与民众的桥梁。该栏目通过专栏、沙龙、峰会等形式，用公共视角解读国务会议，用专业操作透析时局变幻，用朴实话语重构政治形象，为国际受众提供了一个理解中国政策走向与治理智慧的窗口。在讲述石家庄城市发展故事时，《政能亮》深入挖掘石家庄城市发展政策背后的逻辑与成效，展现石家庄在"营城借势"中拼出的"硬实力"。

《这局好玩儿》是凤凰网打造的精品访谈实录，以文旅融合为切入点，邀请国内百位文旅局、国家公园管理局领导，通过局长视角记录中国文旅发展实貌，将行业内容与人文精神深度结合，从历史地理、风俗礼仪、生活状态一路铺开，弘扬中华文化、传递人文精神。通过纪录片讲述石家庄在文化旅游领域的创新实践与显著成果，展现石家庄丰富的历史文化底蕴和自然风光，将行业发展的深度思考与人文精神的广泛传播相结合，为国际观众呈现了一个充满故事与温度的石家庄。

凤凰卫视集团三大栏目协同发力，为石家庄的国际传播搭建了多元化的展示平台，以其独特的叙事策略与国际化视角，助力石家庄在全球舞台上绽放更加璀璨的光芒。

（三）探寻文化基因，名嘴品评石家庄

为深度挖掘并广泛传播石家庄独特的文化魅力，凤凰卫视集团为石家庄深度定制《文化大观园》《笑逐言开·我的家乡石家庄》等中英文双语栏目。

《文化大观园》是凤凰文化节目的标杆、弘扬文化的鲜明旗帜，由著名文化学者王鲁湘先生亲自担纲，以其深厚的学养和独到的见解，引领观众穿梭于文化的长廊，探索生命中的文化现象、美学追求及思想深度。该栏目不仅是凤凰卫视弘扬中华文化的有力载体，而且连接全球华人，共同攀登文化屋脊，开启世界文化的门户。通过《文化大观园》，石家庄丰富的历史文化资源得以生动展现，让世界看见石家庄的文化底蕴与独特魅力。

而《笑逐言开·我的家乡石家庄》则是由石家庄籍凤凰卫视金牌娱乐节目主持人尉迟琳嘉主持。他将自身对家乡的深厚情感融入节目中，以独特的幽默感与敏锐的社会洞察力，从新闻时事与社会热点中提炼出主题，用嬉笑怒骂、敢言敢玩的风格进行深度解读与点评。这一栏目不仅展现了石家庄人民乐观向上的精神风貌，更以轻松愉快的方式传递了石家庄的城市文化与价值观，让国内外观众在笑声中感受到石家庄的独特魅力与温暖情怀。

通过多语言、多视角地呈现，系统梳理了东垣古城、正定古城、西柏坡等历史遗迹所承载的深厚历史文化与红色记忆，不仅增强市民对石家庄这座城市的认同感、归属感、荣誉感和自豪感，更通过国际传播在全球范围内激发华人群体的文化自信。无论身在何处，每一位石家庄人都能因此而感到自豪。

（四）捕捉大时代影像，视频记录石家庄

在塑造石家庄现代化与国际化城市品牌的蓝图中，凤凰卫视集团拍摄了系列宣传片、纪录片，全方位、多角度地展现这座城市的独特魅力与蓬勃生机。从新一代电子信息产业园区到生物医药产业园区，从"拾美集"城市更新项目的创意火花到滹沱河经济带的绿色发展脉络，每一个城市子品牌都被赋予了鲜活的生命力，共同编织着石家庄这座城市的品牌故事。

《问答神州》是由凤凰金牌主持人吴小莉主持的高端访谈节目，以其独特的视角和专业的访谈技巧，深入对话中国省部级及以上政、经界的高端决策层人士，海峡两岸暨香港、澳门的关键人物，让观众能够第一时间掌握中国最新变化和发展，将眼光投向中国正在转型的大时代。通过《问答神州》，石家庄不仅向世界展示了其作为区域发展重要节点的战略地位，更传递了这座城市紧跟时代步伐、勇于开拓创新的坚定信念。

《纪录大时代》播放全中国最出色的纪录片作品，探寻中国文化，展现各地独特的风俗习惯与人文景观，节目特别关注那些备受世界瞩目和赞誉的大国工程，通过镜头语言讲述中国故事，传递中国声音，打造具有凤凰风格的"纪录圈"。在《纪录大时代》的舞台上，石家庄的城市风貌、历史底蕴与未来愿景得到了生动展现，进一步提升了城市品牌的国际影响力和美誉度。

通过这些精心策划的宣传片、纪录片，石家庄正以前所未有的姿态走向世界，向世界展示一个充满活力、开放包容、创新发展的现代化城市形象。

三、传播效果

《文化大观园》和《政能亮》上线前期，凤凰网推出了"全球视野·聚焦石家庄"专题，通过凤凰网首页头条信息流、焦点图；凤凰网客户端、信息流、焦点图及多个频道的宣传发布累计收获超过 1500 万次的曝光量，用户互动数据达到 50 余万；相关预热文章通过凤凰网地方频道矩阵宣发在各地累计收获超过 500 万的关注度，前期宣传累计收获超过 3000 万次的传播曝光量。

上线后，相关微博话题通过凤凰网官方各微博账号分发，累计收获超过 6000 万的阅读量，连续登上石家庄市、中山市两地同城热搜榜，一度登上石家庄市同城微博热搜榜第八名。本期栏目作为凤凰卫视集团内部台网融合项目也同时提升了《文化大观园》栏目在凤凰卫视播出的收视率，创下本年度收视率第二名。同时，本期栏目同步在凤凰卫视集团海外社交媒体进行推广，收获海外用户的广泛关注，在 Instagram、YouTube 上线的完整节目视频浏览量超过了 10 万次，累计收获点赞超过 2 万个。

2023 年 4 月初，凤凰智库研究院对于石家庄近两年以来城市发展的政策、产业集群化的效果研判、居民幸福指数的提升等开展了深入研究，并从经济发展、城市框架、民业民生、产业布局等角度，提炼产出了《政能亮——石家庄"营城借势"拼出"硬实力"》的政论文章。文章对"中国式现代化石家庄为什么信心十足？""五大千亿主导产业怎样快速发展？""拥河发展如何拉开城市框架？""营商环境的改善带来什么样的城市竞争力？""以人为本的惠民工程如何成就溢出效应？"等问题进行了详细的讲解，获得了石家庄市委和群众的广泛关注，引发热议。

《文化大观园》和《政能亮》栏目精心提炼了中华文明标识和中国式现代化的河北场景，通过全媒体矩阵传播，不仅扩大了中山古国、中山文明的知名度，也让全球华人观众的目光投向石家庄。

"泉甲天下，拾藏泉城"

——济南城市文旅品牌国际传播案例

一、案例概述

"济南山水甲齐鲁，泉甲天下"，济南以"泉"闻名于世。作为济南最靓丽的文化符号和城市名片，泉水成为济南与外界对话的媒介，成为中外友好交流的"使者"。为宣传"泉"文化，济南市构建多维传播矩阵，从"引进来"中"走出去"，打造泉水文化海外新口碑，策划制作《新时代泉边故事》《你好，济南！外国友人看泉城》《洋主播看济南》等一系列主题短视频，组织开展"走读山东，感知济南""泺源论坛，泉畔对话——中外友人眼中的济南"等具有泉城特色的文化交流活动，邀请外国友人游览济南的泉水，深度挖掘文化内涵，精心设计活动主题，注重文化交流合作，以多种形式弘扬"泉"文化。

二、品牌策略

一直以来，济南市高度重视城市的国际化水平提升和城市形象的国际传播，济南国际传播中心的成立架构起济南与世界之间双向奔赴的桥梁，开创了济南国际传播新局面，创作推出一批展示泉水文化的优质外宣产品，进一步擦亮了"泉甲天下"的品牌，让世界感知到一个"会说话的济南"。

（一）打造"四位一体"的国际传播矩阵，在多元互动中推动文化交融

（1）成立济南国际传播中心，组建国际传播力量。 济南国际传播中心于 2022 年 5 月正式成立，由济南市委宣传部直接领导，济南日报报业集团负责具体运营，是山东省首个区域性国际传播中心，也是中国第二个副省级城市传播中心。济南国际传播中心认真贯彻落实新时期对外传播工作方针，服务济南市工作大局，立足自身优势，发挥平台作用，并着力围绕"文化软实力"的提升，宣传济南独特的泉水文化，并将这些作品推广至海外，旨在进一步增强"泉甲天下"这一城市品牌的国际知名度与影响力。

（2）构建海外传播矩阵，提振城市"品牌力"。 济南国际传播中心在塑强本土品牌的基础上，着眼世界做好"集聚四海传播"这篇文章。济南国际传播中心与美联社、环球新闻在线、谷歌新闻、雅虎等全球 500 余家海外媒体迅速建立广泛联系；在 Facebook、Instagram、Twitter、YouTube、TikTok 五个海外社交平台注册账号建立海外社交平台矩阵，持续推送济南七十二名泉及与之相关展现泉水文化的文字、图片、视频、直播等，截至

目前济南国际传播中心官方账号海外关注人数已超 80 万；同时，济南国际传播中心与美国纽约时代广场大屏、法国环城大屏等海外重点户外大屏合作联动，《泉甲天下》济南城市形象推介片登陆美国纽约时代广场，成为宣传 "泉" 文化的亮眼名片。

（3）依托主流媒体，展现济南泉水新面貌。 近年来，济南国际传播中心主动加强与中央级新闻媒体的联系与合作，借助《中国日报》、中新社、中国国际电视台、中国网等平台的优势，通过联合录制各种宣传片、纪录片、电视剧等方式，不断加大对外宣传力度。济南市制作的系列节目《你好，济南——外国友人看泉城》一经发布，迅速吸引了国内外媒体聚焦，并得到了《人民日报》、央视频、央视频移动网、哔哩哔哩等多家中央级及全国领先媒体的集体报道。

（4）策划对外交流活动，创新讲好泉城故事。 对外交流活动是国际传播的新载体、新途径，济南国际传播中心通过策划、参与对外交流活动，借助外国友人的海外传播力，吸引更多海外目光聚焦。以泉为媒，济南国际传播中心在海外持续开展中国传统文化双语书籍、济南非遗文旅宣传交流活动，以建筑图片展、云端交流访谈等形式展现济南泉水文化的独特韵味。

济南国际传播中心通过建立海外账号，搭建世界友城合作，开拓了外宣新路径，打破了单一的 "引进来" 模式，将从 "引进来" 中 "走出去" 和全面 "走出去" 结合起来，借助外国友人的海外传播力，向世界展示多元且丰富的中国形象。

（二）从 "引进来" 中 "走出去"，打造泉水文化海外新口碑

作为享誉四海的天下泉城，济南这座城市的 "泉" 文化资源富集，城

市沿革发展、历史事件、文化蕴涵无不与"泉"密切相关。济南市充分发挥优势，努力挖掘自身文化资源，增强地域文化吸引力和感染力，积极搭建品牌展示平台，向国内外生动讲述济南故事，做好"泉甲天下"文化品牌建设，让"泉甲天下"文化品牌更好地唱响全国、走向世界。

（1）**文创赋能品牌**。为塑造泉水文化品牌，济南国际传播中心举办具有泉城特色的文化交流活动，推出"洋主播看济南""走读山东，外国友人感知济南""泺源论坛·泉边对话 外国友人眼中的济南""国际友城，共话泉水"等系列活动，邀请外国友人游览济南的泉水。

（2）**多维传播文化**。泉水作为一种风景、一种地标，除了通过现场的观赏、近距离观看之外，济南国际传播中心创作趵突泉雪糕、李清照形象书签等多个品类的文创设计巧妙地将泉水以静态形式呈现，并制作以济南七十二名泉为代表的精品视频，在海内外各主流媒体、自媒体循环播放，形成立体传播态势，达到融合长远的宣介效果。

（3）**主题活动引领**。济南国际传播中心精心设计活动主题，推出一系列外宣文化艺术交流活动。在"走读山东，外国友人感知济南"的系列活动中，通过邀请来自不同国家的外国友人走进泉城，畅游趵突泉、大明湖，感受济南泉水文化之韵，体验百泉竞涌之盛景。

"歪果仁趣三亚"

——三亚市文旅品牌国际传播案例

一、案例概述

"歪果仁趣三亚"（Explore Sanya 360°）是三亚市旅游发展局为持续助力建设三亚国际旅游胜地、进一步提升三亚旅游目的地全球影响力而打造的海外社交传播主题营销活动。该活动从外籍达人视角切入三亚特色旅游资源，将城市风貌、特色美食、民俗文化等方面重点呈现，通过海外热门社交平台传播，在当前入境旅游市场尚未完全开放情况下，提前布局国际市场。它希望通过在社交媒体上建立良好的口碑，与海外游客产生情感上的共鸣，从而长期提升三亚作为旅游目的地的品牌形象，并树立国际旅游消费的新标准。

二、品牌定位

三亚市旅游发展局抓住海外用户更加关注的特色民俗、人文风情、环境保护等方面，结合三亚得天独厚的绿色环境与人文优势，线下邀请了18位外籍 KOL 来到三亚进行旅行体验。这些 KOL 通过完成任务挑战，体验三亚生活，感受热带气息，并以 Vlog 长视频记录呈现，打造差异化社交媒体图文视频内容，从海外游客视角感受他们眼中不一样的三亚。该项目瞄准海外年轻客群社交媒体使用习惯，覆盖 Facebook、Instagram、Twitter、VK、YouTube、TikTok 等主流海外社交媒体平台，以图文、视频形式的持续运营展现三亚之美，并通过视频节目策划打造"歪果仁趣三亚"IP。

三、品牌策略

（一）以矩阵传播覆盖全球，长线塑造品牌形象

内容是城市表达的最佳载体，它承载着三亚独特的文化韵味、自然风光与旅游魅力。在传播格局上，三亚市旅游发展局注重全球海外客群的全面覆盖与交流沟通，构建 Twitter、Facebook 等海外热门社交媒体平台矩阵化传播体系，在拓宽传播渠道的基础上实现信息的精准推送与高效互动，构建起一座连接三亚与世界的无形桥梁。

围绕"吃在三亚""玩在三亚""住在三亚"等系列主题，三亚市旅游发展局打造了《打工人天花板》《三亚历险记》《三亚探索季》等13期视频传播活动展现三亚作为旅游胜地的多元风貌。通过多元化的视角、个性化的解读，长线打造三亚认知度和吸引力，全面、多维地向海外受众展示三亚开放、友好的城市形象。

三亚市旅游发展局通过内容为王的传播策略、矩阵化的传播布局、多元化的主题系列及长线的品牌形象塑造,将三亚打造成引人入胜的国际旅游目的地,吸引更多海外游客体验这座城市的独特魅力。

（二）多元多样主题,全面体验三亚玩法

为沉浸式带领全球用户"云游"三亚找到更适合自己的三亚玩法,三亚市旅游发展局此次"歪果仁趣三亚"境外社交媒体平台主题营销邀请外籍达人前来体验三亚。此次活动设置了"歪果仁三亚历险记""歪果仁三亚探索季""三亚打工人天花板"等不同类型节目主题。每一期节目都进行了细致的设计,涵盖了户外运动、三亚本地民俗文化、新兴旅游业态等方面。结合旅拍 Vlog、沉浸式体验、综艺式挑战等不同拍摄手法增强节目效果,更加生动有趣地呈现出"歪果仁"眼中的三亚,增强内容可看性、传播度,同时也为海外游客前往三亚的旅行决策提供更高的参考价值。

（1）"歪果仁三亚历险记"为户外探险,解锁小众玩法。以户外探险为核心,邀请外籍达人乘越野摩托穿越热带雨林、在无人海岛独自探索,开发少有人尝试的三亚小众玩法,展示三亚充满活力、玩法多样的一面。

2022 年 7 月,"歪果仁趣三亚"首期直播节目《五指山热带雨林骑行漂流》在 2022 年（第五届）五指山漂流文化节现场正式开播。来自 YouTube 平台的"海外传播官"虹韵（Olga）担任此次直播活动主持,向全球观众直播山道青峦叠翠的大美、专业骑行选手的飒爽风姿与漂流清凉奇趣。虹韵沿途直播了各种原始植被的密叶野腾,鬼斧神工的高峡平湖,风情万种的海南少数民族黎苗人文。此次活动由三亚市旅游推广局联合五指山市旅游和文化广电体育局共同打造,将"歪果仁趣三亚"海外主题营销活动与五指山漂流节文旅资源相结合,让海外网络达人参与到这场充满

"奇、乐、险、趣"的骑行与漂流活动中，并通过海外社交媒体平台向世界所有热爱户外运动、热爱大自然的受众进行直播，为海外游客提供了全新的旅行灵感。

(2)**"歪果仁三亚探索季"讲的是文化民俗，邂逅多彩三亚。**聚焦三亚文化民俗及多重旅游业态，外籍达人深入渔排、渔村，体验地道的海洋文化；漫步夜市，品尝特色小吃，感受三亚的烟火气；乘坐游艇，享受海天一色的壮阔。他们通过 Vlog 形式，记录下每一次的惊喜与感动，将三亚的多元文化、美食美景呈现给全球观众，从外籍达人体验中看见不一样的三亚，让更多人了解并爱上这座充满活力的城市。

来自 Instagram 和 YouTube 平台的两位外国 KOL 抵达三亚，分别打卡了抱罗粉、陵水酸粉、鸡屎藤、虾饼、酱油芒果、三亚特色炸炸和糟粕醋火锅等多种当地特色小吃。他们通过外国人的视角探寻舌尖上的各类小吃风味，或是面对鸡屎藤的回惊作喜，或是品味水果结合酱料的目瞪口呆，或是对糟粕醋调料的刨根问底，串联起三亚街头巷陌里的惊喜滋味和美食趣味，并将通过海外社交媒体平台向全世界热爱生活、喜欢探寻美食的受众进行广泛传播，将三亚年轻、活力、创意满满的城市饮食之趣带给世界友人。

(3)**"三亚打工人天花板"为趣味职业，体验三亚特色生活。**以三亚特色"职业"作为趣味点，外籍达人化身为"水果品鉴官""躺赢试睡员""阳光制盐师"等特色身份，沉浸式亲身体验在三亚作为"打工人"的一天。这种新颖的形式不仅让海外观众看到了三亚的另一面，也激发了他们对三亚的好奇心和探索欲，为未来的旅行规划提供了更多可能性。

（三）精细传播导向，设计"4L"提升核心吸引力

三亚市旅游发展局此次的"歪果仁趣三亚"境外社交媒体平台主题营销设置精细化传播策略，以 Local 本土性、Live 生活化、Link 强连接、Luxuriant 更丰富"4L"指向作为传播的核心要义、内容的产出方向，面向海内外用户传递三亚美好。

（1）Local 本土性。三亚市旅游发展局精心策划"歪果仁趣三亚"境外社交媒体平台主题营销，首要策略便是深耕 Local 本土性。通过深入挖掘三亚独有的自然景观、文化遗产与民俗风情，提炼三亚的精髓与特色，将这份独特的韵味传递给全球观众，彰显了三亚的文化自信，实现了传播价值的最大化。

（2）Live 生活化。在"Live"维度上，以三亚本地民众生活方式、本土民族生活特色为切口，通过外籍达人的镜头，真实记录三亚的日常生活场景，无论是街头巷尾的小吃摊、热闹非凡的夜市，还是宁静致远的渔村风光，都一一呈现给海外观众。这种生活化的展现方式，让三亚的魅力更加鲜活、真实，拉近了与全球游客的距离。

（3）Link 强连接。为了实现更广泛的传播效果，三亚市旅游发展局结合海外受众的兴趣点，打造挖掘 IP 化线路及体验故事内容。这些内容不仅具有高度的吸引力和话题性，还通过社交媒体平台的分享与互动，形成了强大的口碑效应和二次传播。这种强连接策略不仅增强了三亚在国际旅游市场的影响力，还构建了一个紧密连接的国际传播网络。

（4）Luxuriant 更丰富。在"Luxuriant"层面，营销活动注重在节目中植入丰富多样的任务与挑战，旨在提升故事的充沛感、综艺感和趣味性。通过外籍达人的亲身体验和趣味互动，展现三亚旅游的多重魅力，为观众带来一场场精彩纷呈的沉浸式体验。这些任务不仅增加了节目的观

赏性和黏性，还让观众在欢笑与惊叹中记住了三亚的美好，形成独特记忆点，激发了他们对三亚的向往和探索欲。

将"4L"指向作为传播核心要义、内容产出方向的精细化传播策略是对三亚国际传播策略的一次全面升级。通过"4L"核心要义的贯彻实施，三亚正以前所未有的姿态走向世界，吸引着全球游客的目光与脚步。

三、传播效果

"歪果仁趣三亚"自 2022 年 4 月起于 Facebook、Instagram、Twitter、VK、YouTube、TikTok 等海外社交媒体平台持续运营打造 IP。该项目已经获得了包括《中国日报》、人民网、中青网在内的 20 多家国内外主流媒体的多次报道，总体曝光量已超过一亿次。此外，该项目还吸引了超过 10 万海外用户的互动参与，并使关注该项目的用户总数增加了 20 万以上。

"广州故事海外传播使者行动"

——广州市文旅品牌国际传播案例

一、案例概述

　　广州市文化广电旅游局牢牢把握广州城市战略定位，坚定文化自信，聚焦广州文化旅游建设，精心构建并开通了海外社交媒体平台，旨在将其打造成展现广州全球文化旅游形象的关键窗口。它承载着向世界推介广州这座中国一线城市、粤港澳大湾区重点城市、"一带一路"重要枢纽城市、对外经贸重要城市、旅游文化经济大城的重要使命。

　　广州市文化广电旅游局积极响应国家"走出去"的政策，积极拥抱全球化传播趋势，利用海外社媒平台发起"广州故事海外传播使者行动"，深度挖掘广州的独特韵味与文化底蕴，提升广州在海外游客中的知名度和美誉度，吸引更多海外游客前来体验广州的独特魅力和丰富文化，共同编织属于广州的国际传播篇章。

二、品牌策略

（一）构建广州文旅海外社媒矩阵

广州市文化广电旅游局精心布局，目前已构建起以 Facebook、Twitter、Instagram、YouTube 为核心，辅以 Wordpress 与 Pinterest 的全方位海外社交媒体矩阵。这一矩阵主要发布广州文化旅游相关内容，形式多样、内容丰富，包括文字、图片、视频、互动问答、创意投票及热门标签话题等。通过常年不间断的宣传推广，显著提升广州市文化广电旅游局在全球范围内的知名度，使全球旅游者能更加快捷地获取广州市文化广电旅游局的产品或服务，同时为广州市文化广电旅游局创造了一个与全球游客交流互动的平台，使世界各地的朋友都能轻松触及并深入了解广州的魅力。

（二）"广州故事"的全球传播与创意呈现

广州，这座历史与现代交织的城市，其悠久的历史与深厚的文化底蕴不断孕育着精彩纷呈的"广州故事"。为了更好地促进广州文旅融合发展，持续开辟全球新机遇，广州市文化广电旅游局围绕花城之美、美食诱惑、文化底蕴、历史遗迹、粤语风情、非遗瑰宝、老城新貌等核心元素，精心策划并发布了一系列创意内容，多维度展现生动鲜活的广州城市国际文化旅游形象。**以文化、跨界、现代结合的多元化推广，探寻文化与现代社会的共生共荣，不仅展现了广州作为国际文化旅游目的地的独特魅力，更在全球舞台上讲述了一个个生动鲜活、引人入胜的"广州故事"**。这些故事不仅加深了国际社会对广州的认知与喜爱，更以文化建设为引领，持续强化广州作为全球化、国际化城市的文化品牌与地域特色，拓展广州的知名度与美誉度，为广州的国际化形象塑造注入了强大动力。

（三）创新线上营销，深化文化共鸣

（1）互动营销培养文化兴趣。广州文化广电旅游局在海外社交媒体平台上，巧妙融合中国传统文化节日与全球时事热点，采用新颖趣味的游戏形式策划了一系列互动性创新营销活动，寓教于乐。该活动不仅激发了全球网友对中华传统文化的浓厚兴趣与深刻认知，更以轻松愉悦的方式打开了一扇文化之窗，让海外朋友能够跨越地域界限，真正走进广州、感知广州、爱上广州，向世界全方位展现广州独特的文化魅力与风采。

（2）品牌话题推广激发UGC（相关内容）。广州文旅海外社媒平台以传承中华文化、推介广州旅游为导向，通过推出"CNY Memory of Guangzhou"活动，让全球观众更好地体验春节传统习俗，增加将广州作为国际旅游目的地的兴趣。针对有旅行倾向的全球游客，广州文旅大力推广"CNY Memory of Guangzhou""Visit Guangzhou"双话题的知名度，通过高质量的旅游UGC，激发全球游客对广州作为旅游目的地的向往之情，引导他们做出选择，通过活动的参与度、覆盖率和曝光量来提高国际游客广州游的兴趣。

（3）深化特色活动讲述广州新故事。2021年，广州文化广电旅游局发起了一项社交媒体活动"A Bite Of Spring Festival"。2022年进一步深化该春节特色线上活动，继续讲述一个关于目的地的新鲜故事，从"新的活动形式""新的沉浸式讲故事战略"和"针对Facebook的重定向广告策略"三大维度全面升级讲述广州春节新故事，为全球网友带来前所未有的线上体验。

2022 年 春 节 期 间，@guangzhoutravel Facebook 及 @Guangzhou_China Twitter 平台合力发起"CNY Memory of Guangzhou"的广州年俗匹配挑战，利用趣味游戏的形式、新型沉浸式社交媒体技术和 Facebook 重定向广告战略，精心制作一个关于广州春节的互动游戏。这项活动吸引了全球网友的积极参与，激发了大量高质量的 UGC 内容创作。同时，收集了宝贵的用户反馈与故事，进一步丰富了广州的国际旅游品牌形象。

"CNY Memory of Guangzhou"的广州年俗匹配挑战以趣味游戏的形式吸引全球网友积极参与挑战，在活动宣传系列海报和帖文上引导用户关注主办方账号，用户点击链接进入活动游戏界面后，通过翻转卡片记住相应卡片位置，以最快速度完成广州春节年俗的图文匹配，排名前五的用户可获得精美礼品。海外用户也可在评论中分享"春节祝福"或"你的春节故事"，通过输出一系列的优质 UGC 内容的方式获得来自广州的惊喜，以趣味游戏的形式有效传播了中国传统节日文化的独特魅力。

同时，结合春节大年初一至初五的节点，广州文化广电旅游局还设计了具有广州特色的习俗海报，传达最真实的广州春节习俗文化。通过发布在 Facebook、Twitter 和 Instagram 上的帖子和故事，让全球网友仿佛置身于广州浓厚的春节氛围中，深刻感受这座城市的独特魅力与文化底蕴。

（四）精细化粉丝管理，加强国际互动

广州市文化广电旅游局海外社交媒体平台开通以来，积极构建了一个跨越国界的交流桥梁，实现了四大平台（Facebook、Twitter、Instagram、YouTube）近 687 万人次的粉丝深度互动。广州市文化广电旅游局海外社交媒体平台主动与粉丝互动和回应，建立快速响应机制，确保每一位用户的评论、留言及私信都能得到及时的回复。无论是解答问题、提供建议，还是积极参与用户讨论，广州文旅海外社媒平台始终保持积极的互动态度，增强用户的参与感和满意度，让每一位粉丝都能感受到来自广州的热情与关怀。

在粉丝私信管理方面，广州文旅海外社媒平台展现出了高度的专业性和人性化。了解每个粉丝的关注点和需求，提供准确、专业的建议和支持。不管是关于旅游行程规划、景点推荐、文化活动咨询还是其他相关问题，广州文旅海外社媒平台都致力于为粉丝提供优质、个性化的服务，极大地提升粉丝的满意度与忠诚度，进一步巩固了广州文旅的国际品牌形象。

同时，广州文旅海外社媒平台还高度重视粉丝的评论互动，积极参与和管理粉丝评论，及时发现并解决潜在的问题与误解，有效促进正面积极的互动氛围，建立起更加稳固和谐的粉丝关系。这种以用户为中心的传播策略，不仅提升了广州文旅的国际知名度与美誉度，更为其未来的国际传播之路奠定了坚实的基础。

三、传播效果

截至 2023 年 5 月 31 日，广州市文化广电旅游局在 Facebook、Twitter、Instagram、YouTube 四大核心海外社交媒体平台累计发布推文 10 465 篇，视频 178 条，阅读量近 4627 万人次，累计粉丝数量超过 104 万人次，受到来自 45 个国家多达 38 种语言人群的关注。

广州文旅海外社交媒体平台保持定期更新内容，保持平台活跃度，同时结合节日节点、城市美景分享、岭南风情建筑景点，充分挖掘彰显广州花城、时尚广州、广州韵味的文化和旅游内容。运用图文、视频、投票、互动问答、标签话题互动等多种形式进行宣传，整合创意活动和深度内容，打造鲜活多维度的广州城市旅游品牌形象，为全球粉丝带来沉浸式文旅体验。

在《关于表扬 2022 年度广州市网络外宣工作先进单位和个人的通报》中，广州市文化广电旅游局被评为 2022 年度广州市网络外宣专项工作先进单位。同时，广州市文化广电旅游局的机构号被评为年度最佳机构账号"一等奖"，其作品《粉黛暮色下的广州塔》也被评为优秀原创案例。

广州市文化广电旅游局的全球化传播成果在 2019 年底荣获环球金趋势大奖的殊荣、2020 年获金鼠标文旅行业最具影响力品牌大奖、2020 年获金鼠标文旅行业最具影响力品牌大奖、2021 年获广州 4A 干货大会年度杰出案例奖、2023 年第 14 届金鼠标出海营销类铜奖，奠定了广州市文化广电旅游局海外社交媒体平台在世界范围内的重要地位，对于广州城市文化旅游形象全球覆盖具有极其重要的作用。

第三篇

景区及博物馆品牌优秀案例

"长安十二时辰主题街区"

——陕西省文旅沉浸式体验街区品牌塑造与传播案例

一、案例概述

"长安十二时辰"是一个沉浸式体验街区，位于西安曲江新区曼蒂广场，占地2.4万平方米，在商业空间内还原电视剧《长安十二时辰》IP场景和展现唐风市井文化内容。这里首次将影视剧IP全场景进行还原，同时也是影视剧IP转化为文旅产业的尝试。

作为全国首个沉浸式唐风市井文化生活街区——长安十二时辰主题街区，参照《长安十二时辰》原剧中的剧情、人物、道具、故事特色，将剧中虚拟场景进行现实还原，融合影视IP与唐文化元素搭建了全唐风市井街区。打造出集全唐空间游玩、唐风市井体验、主题沉浸互动、唐乐歌舞演艺、文化社交休闲等为一体的新消费场景，重现唐朝都城长安的独特风情。**在这里市民游客穿越回盛唐，身临其境地"做一回唐朝人、观一场唐风唐艺、听一段唐音唐乐、演一出唐人唐剧、品一口唐食唐味、玩一回唐俗唐趣、购一份唐物唐礼"。**在一场穿越之旅中，市民游客由旁观者变为深度体验的参与者，在可知、可感、可触摸、可品鉴的多维唐文化体验中，切实感受商业、科技、文化、旅游有机融合的魅力。

二、品牌整体策略

（一）品牌定位

1. 品牌定位——全国首家全唐沉浸式体验街区

"长安十二时辰"通过"品牌+""故事+""网络+""体验+""消费+"的"5+"创意，精心打造了以"三大主题空间、六大沉浸场景"为核心的国内首个沉浸式唐风市井生活体验地。

在整体规划设计上，项目将主题景观、演艺内容、商户业态等有机融合在一起，为用户带来身临其境的奇幻体验。街区以唐风建筑和唐市井文化生活的沉浸式体验，营造出历史与现代、文化与科技、生活与娱乐的多场景维度，拓展了优秀传统文化的传播空间。将文化 IP 与旅游要素结合，创造了传统商业综合体到文商旅融合发展的新模式，是文化和旅游深度融合发展的优秀代表。

2. 打造文商旅融合业态的夜间经济顶级 IP 品牌

将影视 IP 转化为商业 IP，将文化场景转化为消费场景，长安十二时辰主题街区是西安文商旅融合业态的全新尝试。该项目依托古城西安文化底蕴，从深耕唐朝市井文化，到复刻长安的繁华过往；从专属产品开发设计、到全业态一站聚合；呈现出了一个还原真实的全唐市井生活体验空间、雅俗共赏的唐风主题休闲娱乐互动空间、琼筵笙歌的主题文化宴席沉浸空间。

项目自 2023 年 4 月 28 日亮相以来，凭借全唐市井文化生活体验的沉浸式场景，以及唐宫廷乐舞表演、NPC（非玩家角色）演员与游客互动体验，在创意和创新方面取得显著成就，并成功地打造了一个文化 IP。这一项目已经成为引领城市"微景区"市场的标杆，迅速赢得了市场的广泛认可和好评。

长安十二时辰主题街区"以全场景、全业态、全时段"的新消费场景，打造曲江新区夜间经济，有效提升了游客数量，并促进了餐饮、酒店、休闲、娱乐等泛文商旅产业高质量发展。该街区已成为最具代表性的西安夜游经济目的地之一，实现了传统商业综合体到文商旅深度融合，新旧动能转换与城市更新的示范效应。

3. 以"文商旅 +IP"的创新模式，探索文旅行业高质量发展路径

长安十二时辰项目借助西安丰富的文化旅游资源，充分发挥历史文化、丝路文化、节庆文化、民俗文化等优势，积极融入"一带一路"建设的新实践、新成就、新经验，打破传统商业运作思维，探索文商旅融合新模式，推动文化和旅游融合发展。

以"文商旅 +IP"的创新模式，将文化生产、转化、运营、传播融为一体，积极开发唐文化衍生文创产品，落实文化旅游和商业效益的双丰收，实现了社会效益与经济效益双效合一。

积极开展国际化、人文化、特色化、数字化、信息化、科技化的智慧街区迭代升级，开启智慧云旅游模式，打造线上长安城，为游客提供更加丰富且沉浸的娱乐体验，更好地践行"创新引领、科技赋能"的使命。

长安十二时辰主题街区挖掘与传承优秀的中华传统文化及唐文化精华，创新文化表达，深入推动深度融合发展。该街区不断探索中华传统文化创造性转化、创新性发展的方式，激活优秀中华传统文化的生命力，唤醒人们对历史和文化的热爱，增强人们民族文化的自信，用唐文化讲好中国故事，传播中华文明，并以此种方式续写着当代的繁荣景象。

（二）品牌策略

1.营造独特场景氛围

主题街区围绕复刻剧中的唐朝建筑与装修，通过色彩的运用、歌舞表演、节庆仪式等方面营造了唐朝市井的氛围。在艺术设计方面，街区整体色彩以红色、黄色为主，更体现唐朝的盛世繁华。❶一楼进门处是空旷的大厅，灯火通明，鼓乐齐鸣。还可以看到二层的回廊，上书"开市"二字。大厅向右是唐代汉服及妆容体验区，向左能看到一道雾气喷出的水帘，上面投影着"做一回唐朝人"，这也是情绪触发装置，提示游客穿越水帘，走入幻境。其后还有基于《长安十二时辰》主题的日晷报时装置，其上标示着十二时辰，秒针造型则是一个骑行唐俑，灯光投影模拟了日光效果。日晷为"地"，其上方悬挂的浑天仪代表"天"，下方则是仿造的长安建筑代表"人"，所谓天地人和，正是中国传统所追求的思想境界。此外，在一层还有舞台观众席，以及1:1还原的剧中靖安司。

B1层设计南北两大中庭，北侧中庭名为"通善人间"；街区内更有日晷、吉凤、红龙、太上玄元灯、花萼相辉楼、望楼、靖安司等极致网红场景设计。其中以南侧中庭的三层舞台最为出彩，将原有两层空中连廊巧妙利用，充分发挥三层中空的立体空间，营造一处公共演艺舞台，同时，配合唐朝歌舞乐演出，整体从观景和声景营造出大唐盛世的氛围。既符合现

❶ 曹智辉，妥艳娟，韩秋晨，等.沉浸式体验场景的建构过程与机理——基于"长安十二时辰"街区的案例研究［J］.外国经济与管理，2024（7）：1—22.

代商业公共空间设定，又营造出影视剧中灿烂夺目的舞台效果。

2. 精细运营，维持项目活力

"长安十二时辰"项目以中国首创真人互动式演艺为核心，真实再现全唐八类人物、演绎还原唐乐唐舞，极具故事性、互动性、体验性，在最为亮眼的三层舞台区域，唐代知名乐舞"霓裳羽衣曲"完美呈现，以沉浸体验的方式让游客身临其境感受大唐市井繁华。

B1 层有近 60 名 NPC 演职人员，会在游客面前发生《长安十二时辰》剧情，游客也可与 NPC 自由互动，如聊天、下棋、做任务等，NPC 会根据各自人设与游客对话，在商铺区域购物还有概率触发隐藏支线任务。NPC 中还有李白、杜甫、唐玄宗及杨贵妃等历史人物，游客可与他们吟诗作对。

运营管理方面，强调精细化。互动演艺 NPC、沉浸游戏、小吃文创等核心经营内容，都需要做到唐朝化的处理，相比于场景空间一次性成型，经营内容则需要细致的沟通协调、定制化处理。NPC 演员日复一日的表演难免让演员会疲劳出戏，商户作为具体经营者并不关心是否具有文化代入感，游戏玩家若没有严格要求也不在意细节的追究，全唐化在经营层面的处理是最具难度，同时也是项目持续活力的关键。

3. 文化带动品牌，为场景融入多元文化

品牌输出方面，文化带动品牌，品牌融入场景。前期以重资产的形式输出，同时也可以授权品牌进行轻资产输出，但输出项目不限于唐文化的 IP，也可以结合属地文化进行打造。

将消费场景与现实场景紧密结合，通过唐朝场景、消费情景等方式增强消费互动的体验感。街区 B1 层主力业态包括胡姬酒肆、傩面坊、执掌饼权、李必茗铺、唐风印拓、长安风物集、太白酒肆、百戏馆、闻记香铺、檀棋小点、金泥小扇、毛顺宫灯等；一层主力业态包括醍醐小肆、花馔小厨、唐粥记、玉环花钿、唐倌儿、驼铃食堡、靖安司剧本社等；二层主力业态为十二时辰主题包间展现盛唐饮食文化。

配合叙事背景和时空，结合空间特征嵌入交互性活动，促进消费者参与互动。"长安十二时辰"街区将在白天游览消费时段结束后，于晚间21：00–24：00 在 B1 层呈现沉浸式游戏《大唐永不眠》，将有 60 名 NPC 带领玩家体验到一场超大型、全场景的"剧本杀"。游戏中或者可以参与主线任务，直接推动大事件的进程，也可以远离朝堂争斗在民间隐居，跟着 NPC 演员一起做支线任务，彻底感受唐朝长安城民间的风土生活。

4. 技术赋能，提升互动体验

街区应用技术手段实现线上线下互动和虚拟现实的场景融合。**一方面**，提升消费者的体验，增强项目的交互性。例如，游客可到大唐换装秀体验区感受 AR 换装，给不愿意或不方便换唐装的游客提供尝试机会。**另一方面**，赋能园区服务与管理，提升管理效率和服务水平。街区装备了智慧景区系统，通过大数据进行实时监测，动态控制景区客流量，以提供给消费者舒适的体验空间。景区按照国家要求，每天进行预约制，并且动态监控景区内游客量，一旦游客量达到景区最大承载量将立即停止入园，实行动态入园方式，保障了街区内的安全与游客体验。❶

（三）传播效果

自开业以来，长安十二时辰主题街区的日平均游客接待量 7000 人次，累计接待游客量超过 100 万人次，实现全网曝光量 75 亿次，占据抖音、微博全国热搜榜榜首。此外，央视一套《新闻联播》、央视二套《经济联

---

❶ 曹智辉，妥艳嫔，韩秋晨，等. 沉浸式体验场景的建构过程与机理——基于"长安十二时辰"街区的案例研究［J］. 外国经济与管理，2024（7）：1–22.

播》、央视四套《中国新闻》及新华社、《人民日报》等百余家媒体竞相宣传报道，长安十二时辰主题街区以不俗的成绩提振了文旅行业的信心和西安文旅经济的市场热度。

"长安十二时辰＋大唐不夜城"唐文化全景展示创新实践项目作为陕西省唯一推荐项目，经过文化和旅游部组织审查、初评、答辩终审及实地勘察，并由评审委员会最终评定并报批后，从全国70余个优秀项目中脱颖而出，成功当选为2022年度文化和旅游最佳创新成果。

打造文物 IP，焕活博物馆品牌新动能

——甘肃省博物馆品牌塑造与传播案例

一、案例概述

甘肃省博物馆集中保存了甘肃地区历史发展的重要见证物，浓缩了陇原文化发展的悠长文脉，是兰州市名副其实的城市客厅和闪亮的城市名片。作为国家一级博物馆，甘肃省博物馆充分发挥文物研究、收藏保护、阐释展示、社会教育和公共文化服务的职能，以文物研究和收藏保护为基础，深入挖掘文物价值和背后的故事，继而通过陈列展示、社会教育活动、文创产品开发、文化传播宣传等环节，对文物承载的文化进行精准和生动阐释，增加馆藏文物曝光率、知晓度和影响力，持续打造文物 IP，不断强化博物馆文化和地域文化品牌，大力推动文旅融合。

2022年，甘肃省博物馆厚积薄发，以铜奔马、驿使图画像砖、原始彩陶等馆藏精品文物为原型打造的"神马来了""彩韵陶魂""甘肃丝绸之路""五凉文化"等文化 IP，在线上线下掀起一波波讨论和追捧热潮，塑造出响亮的甘肃省博物馆文旅品牌。特别是2022年7月，甘肃省博物馆"神马来了"系列文创产品"马踏飞燕毛绒玩具"爆红，俏皮生动的卡通形象深入人心，唤起人们亲临甘肃省博物馆一睹铜奔马阵容的强烈愿望，一度将"甘肃省博物馆"与"甘肃旅游"推上热搜，在全国博物馆文创领域树立了标杆，被评为2022年度文博行业十大热点事件。

甘肃省博物馆始终坚持多管齐下的策略持续打造文物IP，在陈列展览、社会教育、文化宣传、文创研发和营销时，将特色藏品资源高频率"出镜"，全方位"盘活"这些宝贵的文化资产。2022年，策划举办了7个原创临时展览，其中与甘肃省文物考古研究所联合举办的"实证——甘肃百年考古展"入选2022年度"弘扬中华优秀传统文化、培育社会主义核心价值观"主题展览推介项目；"大道攸归——五凉文化展"入选由央视频、微博文博等8家单位联合发布的2022年度文博行业100个热门展览。在社会教育工作中，针对青少年及儿童，策划组织"百名儿童探索中华文明""丝绸之路上的衣食住行""文物里的科学""博物馆里的虎文物"及"红色故事"等品牌化系列少儿活动项目和"丝路学史大课堂""金城尕娃梦想季"等特色研学旅游项目，首次将青少年社教活动拓展到港澳地区，联合香港地区中学开展"丝路甘情"线上博物馆游览活动，为香港地区中学生搭建了解祖国历史文化、增强文化认同的平台。

通过职能工作中的持续塑造，独树一帜的甘肃省博物馆文物 IP 日益彰显，同时具有市场传播度、国民好感度、文化内涵广度及地域代表性的文物 IP，不断引起公众关注，激发公众兴趣，吸引了更多优质资源参与博物馆各项业务工作，进一步赋能于甘肃省博物馆高质量发展。

二、品牌整体策略

（一）品牌定位

甘肃省博物馆为了深入挖掘文物所承载的价值内涵，确立了"学术立馆、科学强馆"的宗旨与战略。通过承担馆内外不同级别的课题项目，博物馆加强了对藏品的基础性、系统性和专题性研究。基于馆藏文物，借助最新考古成果，重点开展革命文物文献、丝绸之路文明、民族"三交"等研究，以及以长城、黄河文化遗存为代表的中华民族精神研究，推进文物保护利用与文化阐释传播工作，为打造国家文化地标和中华民族精神标识提供实证依据。

（二）品牌策略

1.智慧文旅，数字展示

甘肃省博物馆树立"人性化、智能化、便捷化、信息化"的服务理念，积极参与智慧文旅服务体系和辐射性城市教育网络构建，持续优化公共文化服务质量，创新服务方式，将博物馆打造成集美育、休闲、娱乐等多功能于一体的城市文化场所。陈列展览是博物馆与观众对话的直接媒介，依托展览和文物开展的各类社会教育活动，进一步拉近博物馆与公众的距离。甘肃省博物馆把精品展览的策划、引进和推出作为重点业务工作持续强化。2022 年，馆内举办以五凉文化、黄河文明等为主题的临时展览共 11 个，其中原创展览 7 个，输出"让文物活起来"系列、"国宝省亲"系列、"旗帜飘扬——长征精神在陇原""甘肃古代丝绸之路文明""彩韵陶魂——甘肃出土彩陶文物精品展"等精品原创展览 10 个，遴选馆藏文物参与国内文博单位举办的各类展览 16 个，依托丰富馆藏数字资源，推进沉浸式数字展厅建设，用高科技手段动态解读古老丝路、陇原文化及馆藏文物，打造文旅深度融合数字展示平台。

2. 细分市场人群，延伸辐射面

针对青少年儿童，打造品牌社教活动和特色研学项目，深化"馆校共建"合作机制，将精品课程送进校园 26 次，参与学生 1400 余人，举办少儿社教活动 188 场（次），参与人数 1500 余人；在重要节点举行大型主题活动 3 场，辅助举办"绿马风筝节""金石传拓""国庆·红色历史知多少""穿上汉服到甘博打卡"等特色文化体验活动，吸引观众积极参与；承办第六届王者荣耀全国大赛西北赛区决赛，通过文旅与电竞的相互赋能，让年轻人走近了解馆藏文物，助力文旅融合；深入开展文化"四进"活动，即文化进社区、进学校、进企业、进乡村，推动博物馆文化进入城市公共文化空间，推进文化惠民和基层服务，塑造了新时代博物馆的良好社会形象。

3. 拓展"博物馆 +"模式

为持续增添发展动力，甘肃省博物馆探索合作共赢新模式，深化国内多元合作交流，努力营造有利于事业发展的良好外部环境。2022 年的文化和自然遗产日，依托黄河流域博物馆联盟，甘肃省博物馆成功举办"木本水源——黄河流域史前文明展"和"万象涵容——博物馆文化创意产品展"，并通过网络直播和线上博物馆跨时空展示。春运期间，联合兰州中川国际机场在航站楼内开展"绿马保驾、健康出行"快闪活动，与兰州中心商圈合作在国庆期间在商场打造"不用蕉绿"文化体验空间，持续深化"驿邮极光"主题邮局和"丝路如意"肯德基主题餐厅的合作，通过"博物馆＋商业"的模式，让博物馆文化更加贴近百姓生活。

在对馆藏文物资源和陈列展览进行数字化采集基础上，通过官方网站、微博、微信和短视频、直播平台，提供"云展览""云教育""云课堂""云直播"等数字服务，抓住热点事件和重要时间节点，推出"甘肃文物上冬奥"、节气海报、"绿马"表情、《铜奔马》说唱风格音乐作品等多款喜闻乐见、个性突出的融媒体产品，受到网民热评和广泛体验，以"博物馆＋传媒"的形式促进文物数字化呈现与传播，进一步提高知名度。2022年，甘肃省博物馆深化以国宝级文物铜奔马为原型的"神马来了"系列文创产品，打造诙谐、有趣的"绿马"卡通形象，研发出绿马头套、"绿马飞侠"文创产品及"马踏飞燕"文创玩偶等一系列"绿马"主题的文创商品。这些文创产品深受消费者喜爱，《人民日报》、新华网、中央广播电视总台等近百家媒体先后进行专题报道，大量省内外观众慕名来馆打卡参观，利用"博物馆＋文创"的方式推动城市文旅融合，有效提升了甘肃地域文化影响力和甘肃省博物馆知名度。

（三）传播策略

文化传播方面，围绕喜迎党的二十大召开主题，在"5·18"国际博物馆日、自然和文化遗产日、国庆节等重要节点策划举办了一系列宣传庆祝活动。特别是2022年文化和自然遗产日主场城市活动首次在兰州举行，甘肃省博物馆作为开幕式主会场，推出"木本水源——黄河流域史前文明展""万象涵容——博物馆文化创意产品展"，主办"万象涵容，共融共创"文创发展论坛，策划举办"博物馆之夜"主题演出活动，得到广泛赞誉和好评，有效提升了甘肃文化遗产的影响力。新媒体宣传方面，官方微博、微信平台影响力持续扩大，粉丝量接近百万，官方微博荣登2022年全国十大博物馆微博榜；原创短视频和在线直播关注度明显提升，累计观看次数达到了165万人次；铜奔马相关数字媒体产品在光明网举办的"用数赋智，助推中华文化创造性转化和创新性发展"优秀案例评选中，荣获"文化脉动"赛道最佳创意案例奖。

（四）传播效果

2021年年底至2023年年初，甘肃省博物馆官方网站、微博、微信公众号年发布信息共计4000余篇，达到6205万次的阅读量；通过抖音、快手等媒体平台发布原创短视频50余条，累计观看量约35万人次；开展大型活动、展览、社教活动、讲座等在线直播6场，累计观看130余万人次；对"旗帜飘扬——长征在陇原""实证——甘肃百年考古展"等5个原创精品展览进行全景数据采集，建成线上数字展厅实现网络虚拟漫游展出，累计参观观众500万人次。主题海报、创意短视频、文物表情包等融媒体产品，受到网民热评和广泛体验。

各类媒体报道铜奔马玩偶相关舆情信息量共计5919篇，其中微博4434篇，客户端1007篇，为信息的主要来源，占比为91.92%。抖音平台上，2022年6月26日绿马玩偶一夜爆红，用户"库库烊"发布短视频，获点赞42.8万个，热评"别的博物馆把文物整活，甘肃省博物馆让文物整活"获赞 12.2 万个,进入抖音热榜第 50 名,获得 1612.6 万在看。甘肃省博物馆文创中心发布多条抖音,点赞共计 89.4 万个。6 月 30 日,话题"甘肃省博物馆的马踏飞燕"登上微博热搜第 30 名。《人民日报》发文获赞 1.5 万个,话题阅读量达到了 1775 万次,有包括《中国青年报》《南方周末》等 26 家媒体参与报道,话题正式进入传播高点。此外,人民网和《中国日报》的相关章阅读量均超过了 10 万。

"庐山天下悠"

——庐山景区文旅品牌塑造与传播案例

一、案例概述

近年来，庐山风景名胜区致力于做实唱响"庐山天下悠"文旅品牌，成功打造爱情电影周、博物馆群等多项文旅产业融合发展 IP。其中，庐山国际爱情电影周已连续举办三届，成为庐山近年来最为亮眼的文旅好品牌。

庐山历来是影视创作的绝佳取景地，数百部优秀国内外影视作品曾在庐山取景拍摄，其中就包括寄托无数中国人爱情符号和情怀的经典爱情电影——《庐山恋》。《庐山恋》的成功上映，在 40 多年前把庐山打造成著名浪漫的爱情之山，给庐山带来了大量的游客，是实现电影文化与旅游产业之间深度融合、互相推动的经典案例。2020 年 9 月，为纪念《庐山恋》

电影首映 40 周年，进一步彰显"庐山天下悠"品牌影响力和美誉度，推动影视产业与旅游产业的深度融合，经国家电影局批准，庐山举办了第一届庐山国际爱情电影周。此后，庐山分别在 2021 年 10 月和 2022 年 8 月成功举办了第二届和第三届庐山国际爱情电影周。从这三届电影周的投入力度、合作执行机构、活动内容、取得成果来看，庐山影视文旅融合度逐步提升，爱情电影文化 IP 影响力逐渐增强，不断推动电影周向电影节升级。

二、品牌整体策略

（一）品牌策略

第一届庐山国际爱情电影周创下 6 项标志性成果：中国第一个国际性爱情主题电影节庆活动、中国第一个在世界遗产地举办的电影节庆活动、中国第一个同一部电影同步放映场次超千场的电影节庆活动、中国第一个电影公益放映场次超万场的电影节庆活动、中国第一个举办国际性华语爱情电影论坛的电影节庆活动、签约大型文旅项目 10 个，总投资约 178.5 亿元。

第二届庐山国际爱情电影周创下 2 项标志性成果：首次在爱情电影周上演系列文艺晚会、首次评选推荐庐山十大爱情电影取景地。

第三届庐山国际爱情电影周创下 5 项标志性成果：首度发布《中国爱情电影调研报告（2021）》，是国内首次把爱情作为独立类型，并结合电影理论和电影市场进行全面梳理的专题调研报告；首次在央视电影及其融媒体平台进行现场直播；首次有国际重要人物（联合国前秘书长潘基文）致辞；首次评选发布中国影史十大经典爱情电影，首度进行年度爱情电影发布；启动庐山爱情电影创投基金。

1. 首届庐山国际爱情电影周

第一届庐山国际爱情电影周于 2020 年 9 月在庐山举办。此次活动由中国电影家协会、江西省委宣传部（江西省电影局）、江西省文旅厅、九江市委、九江市人民政府指导，由九江市委宣传部、庐山风景名胜区管理局党委、庐山风景名胜区管理局、庐山市委、庐山市人民政府、九江市文化广电新闻出版旅游局共同主办。

作为旨在推动中外爱情电影交流互鉴及影视与文旅产业融合的专业电影盛会，庐山国际爱情电影周得到了省市领导的高度重视和大力支持，得到了中国电影界的积极响应和热情参与盛会吸引了众多嘉宾，大咖云集，场面热烈，盛况空前。此外，还有 300 多位来自中外电影界和文旅行业的领导、专家学者、电影工作者、企业家、景区代表及媒体人士应邀出席，共襄盛举。

活动以"时光之恋，庐约而至"为主题，以庐山秀美自然风光和深厚人文资源为支撑，以国际爱情电影集中展映为特色，以影视与文旅产业融合理念为依托，活动设计丰富多元，活动单元精彩纷呈，主要包括："悠然庐山，一路星光"明星入场秀、庐山国际爱情电影周启动仪式、国际华语爱情电影论坛、影视与江西文旅融合论坛、爱情主题与浪漫庐山论坛、"庐山为证，吾爱永恒"盛大婚典、庐山国际爱情电影周影片展映及庐山国际爱情电影周展映影片流动放映等系列活动。

2. 第二届庐山国际爱情电影周

第二届庐山国际爱情电影周由中国电影家协会、江西省委宣传部（江西省电影局）指导，由江西省文旅厅、九江市委、九江市人民政府主办，由九江市委宣传部、九江市文化广电新闻出版旅游局、庐山管理局党委、庐山管理局、庐山市委、庐山市人民政府共同承办，并由中国电影资料馆、中共中央宣传部电影卫星频道节目制作中心、中国电影基金会、江西省影视家协会协办。

电影周以"庐山天下恋，缘在此山中"为主题，依托庐山旅游品牌特色，不断创新电影周内容、形式和宣传手段，切实将庐山国际爱情电影周真正打造成为江西文旅的闪亮名片和全民共享的文化盛宴。通过这一平台，全面实现了更好地向全国、向全世界推介庐山，展示庐山丰富文化旅游资源，不断推动影视产业与旅游产业的深度融合的既定目标，庐山国际爱情电影周正以稳健的步伐和进取的姿态，朝着升级为电影节的方向迈进。

活动主要由七个板块组成，分别是爱情大道、主题盛典、国际爱情电影庐山论坛、电影《邓小平小道》全国点映启动仪式、经典爱情电影歌曲演唱会、集体婚典和爱情电影展映展播。

3. 第三届庐山国际爱情电影周

第三届庐山国际爱情电影周由中国电影家协会、江西省委宣传部（江西省电影局）指导，由中共中央宣传部电影卫星频道节目制作中心、中国电影基金会、江西省文旅厅、九江市委、九江市人民政府主办，由九江市委宣传部、九江市文化广电新闻出版旅游局、庐山管理局党委、庐山管理局、庐山市委、庐山市人民政府共同承办，并得到了中国电影资料馆、江西省文联、江西省电影家电视艺术家协会大力支持。

电影周以"庐山恋·恋庐山"为主题，依托庐山旅游品牌特色，不断创新电影周内容、形式和宣传手段。活动期间，六大主题活动精彩纷呈，包括爱情电影展映、爱情快闪暨电影周启动仪式、主题盛典、致敬经典爱情电影推荐、庐山国际爱情电影高峰论坛及爱·庐山影视短片季，上演了一场新的"爱·上庐山"不老情缘，助力江西电影事业和文旅产业深度融合，持续深入打造"庐山国际爱情电影周"品牌，切实将庐山国际爱情电影周真正打造成为江西文旅的闪亮名片和全民共享的文化盛宴，全面实现了更好地向全国、向全世界推介庐山，展示庐山丰富文化旅游资源，推动电影周品牌升级，塑造庐山"爱情圣山"浪漫形象和品牌。

庐山连续三年举办国际爱情电影周，从营销方式、策划创新、策略实施、投入力度、合作执行机构、活动内容、取得成果来看，庐山影视文旅融合度逐步提升，爱情电影文化 IP 影响力逐渐增强，不断推动电影周向电影节升级。

（二）传播效果

第一届庐山国际爱情电影周得到了广泛的关注和报道，包括《人民日报》《光明日报》《中国电影报》《江西日报》、新华社、中新社、新华网、人民网、中国电影网、央视电影频道（CCTV-6）、江西电视台等近 120 家主流媒体进行了专题报道和全面覆盖。其中，《人民日报》刊发的《走，去庐山》专题报道受到了社会各界的高度赞誉和广泛传播；新华社的相关微博也登上了新浪微博热搜榜单，阅读量高达 9400 多万人次。"学习强国"学习平台在九月第四周推出的每周答题活动中，通过答题的方式使全国"学习强国"用户深入了解了庐山及电影周的相关信息。中央广播电视总台新闻频道和电影频道也对电影周进行了专题报道。此外，明星微博、微信及粉丝互动超过 800 万人次，抖音话题热度超过 3000 万人次，点播观看人数超过 6820 万人次，相关搜索热度超过 100 万条，总浏览量超过了 2 亿人次。

第二届庐山国际爱情电影周得到手机江西台 ❶、新华现场云、赣云、都

---

❶ 手机江西台，也被称为"今视频"，是由江西广播电视台打造的一款移动应用。

市 "2" 直播等平台对电影周进行了广泛的宣传，主题盛典等四场直播反响较为热烈，其中手机江西台对主题盛典的直播在线观看超过近千万人。

第三届庐山国际爱情电影周在与北京电影节撞期的情况下，仍创造了不凡的宣传佳绩。新浪微博力推电影周开屏宣传，30 多家娱乐号集结推广，120 多位娱评人全力推介，上千位媒体人倾情助力，300 多家门户网站稿件覆盖，全平台热搜数达 30 余个。值得一提的是，央视电影频道（CCTV-6）现场直播的主题盛典晚会收视率反超北影节，全网总曝光量高达 15.2 亿次，大大超出了预期目标，微博热搜总榜、微博文娱榜、实时上升热点、微博视频文娱榜、抖音娱乐榜、新浪娱乐热榜、快手热榜等热点不断，更是吸引外国网民登上 Twitter 热搜，在世界范围内火出圈，有力提升了庐山国际爱情电影周整体影响力。

"魅力四季，冬奥之城"

——崇礼国家级冰雪旅游度假区品牌塑造与传播案例

一、案例概述

近年来，冰雪旅游热度大幅上升，冰雪运动成为新的时尚风向标，2022 年冬奥会的举办更是为崇礼冰雪旅游带来了前所未有的发展机遇。"魅力四季，冬奥之城——崇礼国家级冰雪旅游度假区"品牌打造，借助全平台、全媒体、全方位的宣传营销推广活动，成功抓住冬奥热度，通过多层级的联动宣传营销，向全世界游客展示了崇礼四季有景、全域可游的独特文旅资源，吸引世界各地游客前来旅游消费，打造国家生态文明建设示范区和冰雪旅游度假区。

2022 年，崇礼承办北京冬奥会除雪车、雪橇、高山滑雪和自由式滑雪大跳台之外的所有雪上项目，并产生 51 枚金牌。除冰雪旅游外，崇礼正在不断推进全域全季旅游深入发展，已连续举办了多届崇礼户外运动节、崇礼国际山地马拉松越野挑战赛、哥伦比亚 168 超级越野赛、"越山向海"人车接力中国赛等夏秋季户外赛事活动，正日益成为真正的户外运动爱好者天堂。

"魅力四季，冬奥之城"宣传营销推广系列活动，通过中央媒体、省级媒体和张家口市文化广电和旅游局官方自媒体、京张高铁及全国网络媒体等多平台、多渠道进行上下联动宣传推广，传播覆盖总人数超过 16 亿人次。充分展示了崇礼世界级旅游资源的魅力，提升了大众对冬奥之城的好感度和向往度，大力推动了后奥运经济高质量发展。

二、品牌整体策略

（一）品牌策略

1. 挖掘冬奥之城独特魅力，打造高端冰雪旅游品牌

冬奥会举办期间崇礼是世界瞩目的焦点，运动员自带热度、自发宣传，在各级各类媒体平台上展示崇礼世界级的冰雪旅游资源，打造"魅力四季，冬奥之城"特色旅游品牌，挖掘崇礼优质的冰雪资源禀赋，主推"滑雪天堂""冬奥遗产""天然氧吧"等旅游名片，叫响崇礼"冬奥之城"在全国独一无二的品牌口号。

借助"冬奥城市"品牌形象，集中力量助推"大好河山·张家口"文旅金字招牌。全力打造以崇礼太子城冰雪小镇和大境门长城文化公园为核心的旅游目的地品牌。推动以崇礼太子城冰雪小镇为中心，整合太舞、云顶、万龙等滑雪场资源，全力创建世界级冰雪旅游度假区和 5A 级景区，打造世界冰雪爱好者的首选目的地。高质高效推进大境门长城国家文化公园建设，逐步塑造、彰显出自身保护传承完整、文旅融合充分、环境配套齐全、地域特色鲜明的特点，积极培育长城文化演艺、研学旅行等业态产品，打造长城文化旅游目的地品牌。

坚持体育牵引、文化赋能、旅游带动，实现传统观光休闲游向深度文化体验游转变。**首先**，打造体文旅深度融合新模式。创新"旅游+"，借助举办国际国内高水平比赛契机，持续丰富现有滑雪场旅游业态，举办冰雪嘉年华、欢乐冰雪季等活动，实现度假、游乐、休闲等多元化发展。

其次，借助冬奥城市的国际知名度和美誉度，崇礼宣传利用好生态、区位、设施等竞争优势。通过搭建平台、组建团队，制定手册、拉出清单，实施精准招商、以商招商、差异化招商和产业链招商，吸引知名企业和国际资本进入，力争在引进总部经济、平台经济、数字经济等新兴经济业态上实现突破。

2. 建立媒体宣传矩阵，全方位报道推广

从申奥成功到冬奥会成功举办，再到后冬奥围绕"魅力四季，冬奥之城"的宣传主题，以全局要点为主题，联合省市电视台通过新闻发布、头条新闻、专题报道、深度解读等方式，持续做好新闻宣传，办好局官方自有媒体，传播文化广电和旅游事业主流声音。同时在《中国旅游报》《河北日报》《张家口日报》《河北旅游》《张家口文化旅游》等报纸、杂志，开设专版、专刊、专栏、专题，陆续推出崇礼文旅品牌宣传报道。

3. 规划设计层面着力突出高端、超前、国际化

黄金纬度，崇礼与其他世界著名滑雪胜地同处北纬41°附近，是发展滑雪旅游的理想纬度区。**黄金海拔**，境内80%为山地，海拔从813米延伸至2174米，平均海拔1200米，坡度在5°到35°之间，最大落差800米，是国际公认的最适合滑雪的地形。**黄金气候**，独有的山地小气候，冬季降雪早、雪期长、积雪厚、雪质好，区内平均风速仅为2级，被誉为"我国发展滑雪产业最理想的区域之一"。**黄金区位**，崇礼地处京津冀都市圈和首都 1 小时生活圈，坐拥北京、天津、河北、山西、内蒙古五大客户市场。

目前已建成知名雪场 7 家，雪道 169 条 161.7 千米，索道魔毯拖牵 68 条 45.6 千米，现共有雪具 10 900 套，最大承载量约 50 000 人。崇礼曾邀请美国、意大利、日本及国内多名滑雪专家和旅游界权威人士对域内滑雪资源进行实地考察与论证，共同认为，"优越的资源禀赋使崇礼成为距北京最近的、最理想的优质天然滑雪区域"，被《纽约时报》评选为 2019 年全球 52 个值得前往的旅游目的地之一。除冰雪旅游外，崇礼正在不断推进全域全季旅游深入发展，已连续举办了多届崇礼户外运动节、崇礼国际山地马拉松越野挑战赛、"越山向海"人车接力中国赛等夏秋季户外赛事活动，正日益成为真正的户外运动爱好者天堂。

顶级团队做规划。瞄准世界一流水准，聘请国内外一流规划公司，为各大景区编制项目规划，真正实现了超前规划。**立足产业做规划**。围绕休闲度假旅游母体，重点发展以冬季滑雪和夏季户外为主导的体育休闲产业。**高标定位做规划**。借鉴世界著名冬奥举办地经验做法，将新思想、新理念、新标准从顶层规划设计上融入崇礼冰雪旅游发展中。

崇礼把赛事活动举办作为引流锁客、升级消费的重要抓手，依托冬奥场馆、冰雪博物馆、太子城遗址公园及现有雪场、酒店等，在谋划做好国际雪联世界杯、洲际杯等顶级赛事的基础上，采取政府主导、雪场参与的模式，将陆续开展崇礼 168 超级越野赛、崇礼马拉松、斯巴达勇士赛等大型赛事 18 项。同时，有机融入行业论坛、户外用品展、越野跑博览会等互动内容，让场馆不闲置、赛事不断档、活动有新意。

4. 产业延伸上紧紧把握精致、普惠、深层次

坚持立足新消费、新需求、新体验，做好"吃、住、行、玩、购、赏、赛、养"等全方位服务。**一是创建高等级景区。**目前，全市已建成国家级旅游度假区 1 家，省级旅游度假区 2 家，省级全域旅游示范区 4 家，4A 级景区 16 家。**二是提升完善服务保障体系。**加快建设旅游驿站、房车营地、旅游厕所等服务设施，进一步完善智慧旅游体系，年度计划总投资 28.68 亿元，打造布局合理、智慧便捷、标准规范的服务保障体系。**三是规范提升服务标准。**制定《张家口市文化和旅游标准化工作管理办法》，规范景区、酒店、集散中心、游客服务中心及图书馆、文化馆等服务标准。创新"互联网 + 监管"体系，加大对欺客宰客等违法行为的打击力度。

做精餐饮住宿，注重增加服务容量、质量，让游客吃得放心、住得舒心。目前已建成星级酒店 42 家，非星级标准酒店 107 家，配套房间共7018 间，形成高、中、低档相互补充的接待服务体系。做广周边产业，旅游产业带动手工业、滑雪装备租售、旅游纪念品等周边产业。目前全区直接或间接从事旅游服务的人员达 3 万多人。做深新兴产业，积极探索冰雪学校、康体训练、冰雪会展、会议论坛等新兴产业。目前，全区旅游服务业项目完成投资占重点项目投资总额近 70 %，第三产业税收占全部税收的比重达到了 70.5 %。

富龙·野奢营地、趣玩翠云山等夏季活动，深受年轻游客追捧，日最高接待量突破 6000 人次。崇礼重点聚焦年轻消费群体，以雪场景区为主体，兼顾全季度假和节假日活动组织，谋划开展音乐节、美食节、电子竞技、消夏狂欢等特色活动 49 项，设置野外露营、篝火狂欢等系列常态项目，全力打造"时尚崇礼""激情崇礼"。

5. 生态环境上切实留住青山、绿水、碧蓝天

做好"树"文章。以每年 10 万亩的速度植树造林，强化森林草原管护。**做好"水"文章。**科学划定水源地保护区，对保护区内新上项目实行

"一票否决";通过工程设施,提升节水利用和水体保护水平。**做好"气"文章**。取缔燃煤锅炉、专项治理建筑施工和道路扬尘,引进推广新能源车辆。由此,PM2.5 等环境空气质量综合指数连续多年位居全省第一,全国领先。

着力提升冰雪旅游发展品质。以《冰雪旅游发展行动计划(2021—2023 年)》为引领,积极引导和推动本市冰雪景区积极创建高等级旅游景区,不断探索发展夏季旅游和服务业态及可持续发展,推动冰雪类景区科学长效发展。

(二)传播策略

1. 宣传营销上大力创新、创优、创实际

一是开展一系列文化旅游专题推介活动,通过文化推介、展览展示、文化演艺等形式,积极开展对外宣传活动,展示崇礼丰富的文化旅游资源,展现冬奥之城独特的魅力,将崇礼之美"推出去",把游客"引进来"。**二是**以"魅力四季,冬奥之城"为主题举办高端论坛,加大文旅资源与产品宣传推广力度,推动崇礼文化旅游项目建设,搭建政府协作、企业对接、学术交流平台,充分展示后冬奥遗产利用成果,提升品牌吸引力。**三是**发布崇礼景区、酒店、民宿相关优惠措施,优化服务质量,以带给游客更好的体验感为目标,打造崇礼良好的文旅品牌形象。**四是**打造一批具有崇礼特色的文旅宣传产品,制作系列宣传视频、特色文创、精致伴手礼、手绘地图等产品进行展销。**五是**推出围绕冬奥遗产和七大雪场的网红打卡地和精品旅游线路,发挥后冬奥带动作用,掀起世界游客赴崇礼全域旅游的热潮。

2. 冰雪旅游宣传投入加大、深化、全覆盖

在中央广播电视总台、《人民日报》《中国旅游报》等国家级主流媒体强势宣传冬季旅游，在《朝闻天下》栏目滚动播出冰雪形象广告，在王府井大街举办冰雪专题旅游风光展，在京张高铁、北京公交车、北京地铁站、首都机场航站楼投放冬季旅游宣传广告。

2023 年 1 月以来，在中央广播电视总台、《人民日报》等国家级媒体平台播出张家口冰雪文化旅游内容，央视《新闻直播间》《东方时空》等热点栏目连续对崇礼冰雪旅游的火热盛况进行报道，"冬奥城市"冰雪旅游影响力持续扩大。

深化冰雪旅游区域合作，与北京市延庆区文旅局联合举办 2020 北京延庆冬季文旅资源推介会，在北京推介张家口冬季文旅资源及旅游线路，发布八条冰雪旅游线路；参加内蒙古举办的区域合作宣传推广活动，与乌兰察布市签订区域文化和旅游合作协议，承办" 2022（第二届）京张全季体育旅游嘉年华"活动。

大力拓展主要客源市场，瞄准国内经济发达地区，持续组织滑雪场企业远赴广州、厦门、深圳、上海等国内主要市场开展冰雪旅游产品及招商项目推介活动，全面提升张家口冰雪文化、冰雪旅游品牌影响力。

2022—2023 年雪季全区接待游客 207.4 万人次，实现旅游综合收入 25.18 亿元。

（三）传播效果

1. 传播效应空前，张家口美誉度享誉中外

冬奥会期间推出重点报道 43 191 篇（条），中央主要媒体刊播稿件 9400 余篇（条），在各省级主要媒体刊播报道 18 300 余篇（条），阅读量超过 19.4 亿次，市级媒体推出报道 12 500 余篇（条），阅读量达到 9.6 亿次，是往年年均发稿量的 10 倍，崇礼国家级冰雪旅游度假区对外宣传呈井喷式增长。在全世界新闻媒体刊播报道 27 026 篇，阅读量超过 16 亿次。其中美联社推出《张家口赛区火炬接力》视频报道，路透社推出《中国绿色氢能源的制造和利用已全面展开》等重点报道，张家口在国际视野频频亮相，向世界展示了冬奥之城张家口的独特魅力。

2. 文化输出空前，张家口文化自信全面提升

在接待站开设张家口文化展示展演平台，组织开展 19 场城市形象宣传、一场文化节目展演、一场民俗文化展示，通过"三个一"文化交流互动体验活动，记者通过亲身体验剪纸点染、戏装合影、室内风筝、搓莜面、捏面人、送吉"福"等带有节庆和冬奥元素的手工 DIY 文艺项目，零距离触摸感受非遗文化，迅速成为中华优秀传统文化的爱好者、宣传者和推介者，中央广播电视总台、《北京日报》等 57 家媒体竞相采访报道，张家口深厚的历史文化底蕴全面彰显、广泛传播。"媒体接待站的故事，送你一个雪容融"点击量突破 100 万次，引发网友广泛点赞。

"火星1号基地"

——甘肃省金昌市沉浸式旅游景区品牌塑造与传播案例

一、案例概述

位于甘肃省金昌市的"火星1号基地"经过不断悉心打磨，在2022年国庆长假期间开始试营业，面向广大市民和游客开放。由于特殊公共卫生事件的原因，"火星1号基地"在10月1日到7日国庆期间，接待了1万余名本地市民，沉浸式的火星主题场景与相关航天体验项目得到了广大市民的喜爱与好评。

突破同质化竞争，打造鲜明品牌形象，品牌转移营销阵地，寻找目标受众。文旅品牌需要全新活动创意，才能蓄势品牌开门红，创新内容驱动，激发用户共鸣，文化是旅游的灵魂，旅游是文化的载体，两者深度融合，才能充分呈现文旅产品独有的特色。此外，特色节庆活动则是吸引客流量增长、刺激消费的最佳营销利器。

增强传播体验，实现高效沟通，文旅品牌充分整合高品质内容、多元化玩法，塑造品牌的人格化魅力，提升对目标圈层的引力，与用户成为零距离的朋友。除此之外，升级品牌口碑，引爆年轻圈层。随着文旅资源供给的极大丰富，品牌陷入同质化困境，想在日益激烈的市场竞争中脱颖而出，需要依靠强有力的口碑裂变与引爆式营销。通过商业产品的创新整合，高效打通营销全链路，线上种草与线下拔草无缝连接，驱动文旅品牌的实效增长。

二、品牌整体策略

（一）品牌定位

以航天文化为核心，打造全融合式火星场景旅行目的地。经过 3 年产品研发再创新升级，"火星 1 号基地"已经不只是旅行目的地，更是以航天文化为核心发展的全融合式火星场景空间。以未来火星生存第一视角展开火星未来生活场景、生活方式，不断深入地展开以火星 IP 进行故事内容的构建，实现线上线下全连通的沉浸式融合体验。如来基地体验的游客可以通过线上小程序答题，根据航天相关知识答题获取火星职业身份，不同的职业身份打卡不同火星场景，完成相应的打卡任务体验。真正全身心地融入火星场景，体验火星的生活方式。

（二）品牌策略

1. 基地多彩活动，解锁更多航天文旅新玩法

火星生存模拟体验中心与火星星际探索体验中心是最受广大游客喜欢的地方。在火星生存模拟体验中心里，可以了解到更多的航天员在太空生存的科普知识，体验航天员训练设备，观览航天模型。例如，模拟穿越大气层的离心机加速度 3G 变化、模拟失重的太空行走设备、在三维滚环中体验自我平衡能力等。

火星无人区的越野车和专业 UTV（多功能地形车）越野车，可以带领游客体验火星的速度与激情；在马尔斯宿营地，宿营在浪漫的球形帐篷中，可以观看最美的星河；在巢穴居所，面向未来科技的超前 3D 打印巢穴居所，感受未来科技的生活方式；在山谷电影院，躺在户外，游客可以看一场星空下的露天电影；还有高价值的仿真专业火星服穿戴体验与航天员真实训练设备体验……

"火星 1 号基地"体验项目吸引到访游客，特别是航天服试穿体验、研学课堂、银河幻影受到大批年轻游客的好评和点赞。同时，也带领游客回顾中国航天从东方红到北斗的斐然成绩，引领更多人不断地探索未知空间和航天奥秘。

2. 打造航天文化内容 IP

近年来，随着"祝融"号登陆火星，首颗太阳探测科学技术试验卫星"羲和号"的发射等一系列中国航天大事件，人们对未来宇宙的好奇与探索欲望愈发浓厚。为了满足人们的好奇心，连接未来，创新宇宙，"火星 1 号基地"除了在实景空间上火星场景的开发，在航天文化内容 IP 与未来生活产业上也做出了相应规划。

"火星1号基地"在以航天文化为核心的内容IP上，将不断孵化文创IP与内容IP，让用户参与航天文化内容新玩法。例如，已创造1亿销售额、2000个SKU（库存进出计量单位）的形象IP——熊猫阿璞，将进行更多的联创；"火星1号基地"也计划拍摄以火星场景主题的"火星考古""火星生存指南""火星喜剧""登月"系列剧集等。

3. 城市商业空间+城市营地空间，布局未来生活产业

"火星1号基地"在未来生活中，将通过丰富的主题体验活动、自然健康的餐饮业态、跨界文创产品的展示售卖等方式，将"火星1号基地"的缩小版挪到不同的城市做体验空间。此举旨在让人们在城市生活场景下体验航天训练设备，了解航天科普知识，探索太空育种技术，体验太空育种植物的家庭园艺乐趣。通过太空主题的"未来农场+体验活动"探索未来生活方式，进行"城市商业空间+城市营地空间"双重产业布局。

人类在不断探索宇宙的奥秘，同时也在构建一个属于年轻人的新宇宙。"火星1号基地"以自身的火星场景为起点，通过有想象力、科技属性、娱乐性的方式，将持续孵化和打造具备科技感、未来感、年轻化和生活化的多元内容IP及元宇宙场景空间。"火星1号基地"将同时以航天文化为核心，通过航天科普、文旅研学、文化IP打造、未来生活共创等多点布局，致力于将航天科技与太空文化带入更多年轻人的生活圈和兴趣范围。

4. 捆绑热门旅游目的地，发力短期周边游

绑定大型旅游目的地，加大曝光度。在旅游垂类平台和新媒体平台上，捆绑青甘大环线地图、西北游、甘肃等内容，不断提高"火星1号基地"的可见度。同时，借力省内重点城市，通过线下宣发，进行品牌推广，并在线上联动文旅局宣传推广，关注周边城市旅游信息动向，借助其

内容与活动进行顺势传播。

5. 细分市场人群，打造研学产品

面向细分市场人群，发力短期周边游。周边城市针对细分市场定向推广，通过不同细分市场的针对性线上宣传，注重新媒体渠道内容传播，向外传播。

基于"火星1号基地"科普教育属性，树立航天科普身份，建立内容体系，输出深度趣味性航天科普相关内容，配合研学产品进行品宣传播。通过"火星1号基地"公众号设立专栏内容，首先监测分析半年数据，再根据数据情况运营各平台账号。

6. 多方向发力营销传播

在影视方面，"火星1号基地"曾作为综艺节目《挑战吧！太空》《五哈》的拍摄地。在未来两年，"火星1号基地"将计划拍摄上映以火星场景主题的"火星考古""火星生存指南""火星喜剧""登月"系列剧集；在事件性主题内容IP上，过去两年中，"火星1号基地"已经上线"一起会更好"未来生活周、"收到请回答"航天巡展活动场景营销，并参与了"和平精英送空投"及2022"轻年计划"营销活动。未来，基地计划举办科普活动"青年太空训练计划"，以及与腾讯共同举办公益活动"一块守护飞天梦"。在品牌营销方面，"火星1号基地"与自如、穷游等品牌进行了联合营销共创活动。

（三）传播效果

"火星1号基地"经过3年精心打磨，在产品项目创新升级后，品牌营销也重点发力。2023年召开了品牌发布会，其间通过线上线下多方联动传播，活动预计总曝光量超过 8500 万次。同时新媒体矩阵不断完善，公众号、小红书、抖音、微博等平台账号持续发布航天科普和文旅相关内容，其阅读量与粉丝量均实现了持续增长。

"觉醒的酿造师"剧游

——青岛啤酒博物馆沉浸式剧游品牌塑造与传播案例

一、案例概述

剧本杀的收入规模已超过 100 亿，已成为 Z 世代新消费的主流文化娱乐需求。年轻人喜爱的剧本杀正在为文化和旅游业的发展打开一扇新的大门。2022 年 5 月 21 日，IPMAKER 造物家、青岛啤酒博物馆和携程旅游颠覆原有参观路线，以动感时尚为出发点，以剧本杀和密室的形式推出的沉浸式实景穿越剧游《觉醒的酿酒师》正式上线，将原本被动参观的博物馆变成了一部主动探秘的谍战大片。

二、品牌整体策略

（一）品牌策略

1. 穿越民国，潜伏暗战

将真实历史背景融入剧本故事创作，让玩家穿越回中华人民共和国成立前的青即战役。玩家身为酿造师且是护厂队队员，在这一段惊心动魄、险象环生的故事中，需要截获密电、收集情报，与敌暗斗、护厂护国、破解谜题、调配秘酒，完成明暗任务。剧本以一条主线贯穿全场，让玩家沉浸式感受民国时期的啤酒工厂，亲身体验国宝文物保卫战的惊心动魄。

百位游客玩家踏入博物馆百年老厂房，穿越回 20 世纪，和"地下党""厂职工"等一起，执行各类主线任务和互动游戏，阻止"敌方"破坏"核心设备"，转移"绝密资料"，担起"保卫啤酒厂设施、争夺酿酒秘方"的重担。

2. 博物馆实景空间，体验"醉"真

剧游场地辐射整个青岛啤酒博物馆，保存完好的糖化车间、神秘的酿造实验室、历史悠久的啤酒发酵池，一处处真实车间变为民国谍战片场，搭配定制民国风道具，身处其中即是穿越。

除了博物馆原有展区，剧游场地 A 馆 3 楼全新开发定制，真实再现民国时期办公场景，获取线索、搜证解密，解锁重要信息全在这里。全新改造的 B 馆地下酒窖还原并恢复酒窖功能，玩家可以在此验证配方，自调专属鸡尾酒，一边游玩一边推理解密。

3. 十多位高颜值 NPC 互动飙戏

十多位真人 NPC 现场互动，沉着冷静的地下党书记、成熟稳重的啤酒厂厂长、优雅端庄的啤酒厂秘书、心怀叵测的保密局女组长、气质儒雅的

啤酒厂酿造总监……复古的妆容，专业的演绎，代入感100％。互动中，NPC既有准备好的台词，也会根据玩家的"戏精"程度即兴发挥。7000多平方米的博物馆实景空间内，处处有故事上演。玩家不仅能沿途参观博物馆，还能在与NPC的互动中调查线索、索证解密、过足戏瘾。

4. 多阵营、多身份、多剧情、多结局

一条故事主线，两条新增游览线路，考验演技的三方势力对抗，沉浸感满满的十八个主线任务，燃烧脑细胞的三个隐藏密室，多重故事结局满足不同需求的剧游爱好者。以游客为点，以剧本为线，以景区为面，在剧本情节的推动下，将剧本杀运营思维引入景区，丰富游客在景区场景中的沉浸感，加强点、线、面的交互联动。

（二）传播策略

1. 沉浸式剧游，打造文化创意新体验

作为国家一级博物馆，青岛啤酒博物馆以科技赋能、创意加持、沉浸式体验导入，始终打造城市文化和时尚消费的聚集地，不断给消费者带来创新体验。青岛首家博物馆实景穿越剧游《觉醒的酿酒师》，创新性融合年轻人最爱的"剧本杀＋密室逃脱＋参观打卡"，以民国末期的真实历史为故事背景，将博物馆变成谍战解密现场，开启全新的博物馆沉浸式文化体验，其独特的创意，在全国来看也是首屈一指。青岛啤酒博物馆还有天上来酒、啤酒隧道、4D影院、光影秘境等丰富多彩的互动体验项目。尤其是在"体验啤酒魅力"展区，全息投影、动感单车、醉酒小屋、AR互动等科技创意带来的惊喜，令人叫绝。

"自贡灯会"

——中华彩灯大世界景区品牌塑造与传播案例

一、案例概述

自贡灯会始于唐宋，兴于明清，盛于当代，有着近千年的悠久历史。最早记载自贡灯会的是"五皇灯会"石碑。明清时期，民间最盛行的灯种是宫灯和纱灯，"漂河灯""牛儿灯市""孔明灯会""狮灯场市"等灯节是这段历史时期的主要灯会活动。2008年自贡灯会列入第二批国家级非物质文化遗产代表性项目名录，主要特点为"高、大、新、奇、特""形、色、声、光、动"，融抽象构成、拟形雕塑、平面书画、复合装饰和光动机制于一体，自成一种具有浓郁民族特色的综合空间艺术，拥有强大的建筑塑造能力及场景营造能力。借灯光的穿透性、明亮性和色彩灿烂性而赋予彩灯灵魂，使之充满生机。

中华彩灯大世界自 2020 年运营以来，通过文旅融合发展，对于提升自贡灯会品牌知名度、影响力及助推自贡文旅发展取得了良好效益，受到社会各界好评。中央广播电视总台两次对第 26 届自贡灯会进行报道；第 27 届自贡灯会五次被《新闻联播》报道、被中央广播电视总台 20 次报道、5 次登上热搜榜，首创"云观灯"活动，点播流量达 6 亿人次，荣获中国旅游奥斯卡艾蒂亚奖"中国最佳夜游项目金奖"和"中国最佳灯会奖"，入选文化和旅游部首批"国家级夜间文化和旅游消费集聚区"；第 28 届自贡灯会荣登春节国内热门景区排行榜首位，并在元宵节当天亮相中央广播电视总台的元宵晚会。

二、品牌整体策略

中华彩灯大世界景区项目创新制作的彩灯产品在保留"高、大、新、奇、特"传统彩灯风格和技巧的基础上，充分利用新材料、新工艺和新技术，提升产品与游客互动性，彰显传统文化内涵，发展为更具有艺术性的"形、色、声、光、动"的夜间旅游产品，将旅游与科技深度融合。引入游乐化，加强定制演艺、文创开发与售卖、特色创意美食等文娱表现形式的互联网融合，打造沉浸体验式的主题灯会，将节庆灯会转为常态化夜间旅游。

（一）品牌定位

自贡·中华彩灯大世界——365 天永不落幕的彩灯乐园。传承华侨城创想基因，展示中国传统文化，激活彩灯文化活力，打造奇幻彩灯秘境。

（二）品牌口号

幻彩奇旅从这出发。走进园区，尽是缤纷体验。有光影变幻的多彩，有转身入画的奇妙，有遨游仙境的唯美，有聆听故事的感动……一切奇幻旅程，都由此开启。

（三）品牌策略

1. 文化夜游整合运营商，发展"1+4+N"夜游战略布局及产品体系

1个夜游平台：以中华彩灯大世界为基石，构建夜游全产业展示平台，作为自贡彩灯观赏、游玩、对外展览展示的文化窗口。

4类场景赋能：包含城市空间、景区景点、美丽乡村、室内美陈，链接合作植入多个场景空间，以流量带销量，以行业带产业，多级发展全域覆盖。

N个主题IP：整合自有IP、流量IP等，进行创意联动、场景定制，实现产品IP化、产品系列化、商业化输出，以内容博溢价，促动行业升级。

2. 推动彩灯行业数字化转型，扩大行业影响力

根据国家对"文旅＋科技"战略发展的要求，中华彩灯大世界充分发挥自身在行业内带动作用强、研究深入、影响力大等优势，结合自身发展需求，制定科技赋能"文旅＋数字化"转型发展规划。**一是**推进旅游行业数字化交互场景建设及数字化消费，面向社会发展需求，推动科学技术全面融入日常生活消费新趋势，促进场景消费和新社交方式创新，构建"用户—场景—交互—消费—数据—量化"的新消费模式数字化生态圈。**二是**促进旅游行业的数字化市场营销，通过强化彩灯文化行业产品IP，进行物理和虚拟的重复宣贯，推广智慧导览、智能导流、虚实交互体验、非接触式服务新科技场景应用，创新开发彩灯文创产品。通过线上云直播、策划短视频丰富线上活动，形成分布式数字化矩阵市场营销，为产品推销、吸引流量造势。**三是**跨界融合"旅游＋彩灯"数字化生态圈构建，与互联网平台企业资源、行业型平台企业资源、金融机构等开展联合数字化创新，构建跨界融合的数字化生态。

通过几年的发展，中华彩灯大世界在夜游文旅行业的创新发展中取得了显著成果，其彩灯文化产品备受认可。

第一，"彩灯＋模式创新"，实现从节庆经济向常态化夜游经济转变。近年受疫情影响，彩灯文化产品顺势转型，通过主题化、场景化、跨界合作和 IP 合作等模式创新，实现彩灯文化产品的常态化运营。

第二，"彩灯＋科技创新"，将传统彩灯升级为沉浸式数字彩灯。应用5G、物联网、体感捕捉交互等科学技术，并成立彩灯智能数字技术与艺术创新省级重点实验室和彩灯元宇宙研发中心。

第三，"彩灯＋文化内涵升级"，讲好中国故事。"讲好中国故事，链接世界文明，展现真实、立体、全面的中国，提高国家文化软实力"，以中国传统文化如故宫、三星堆、兵马俑等文化为魂，彩灯文化产品为形，沉浸生动展现中华文化内容的巡展产品，打造国家级品牌传播力。

第四，"彩灯＋演艺"，科技助力展现实景视觉盛宴。引入无人机和扑翼机表演，采用分布式人工智能、机器人技术和复杂算法来实现舞美演艺的强人性能，多维度丰富夜游内容，成功打造实景视觉盛宴。

第五，"彩灯＋娱乐 IP 新业态"，实现跨行业异业合作。"融合科技＋彩灯＋娱乐 IP"新业态合作，通过资源互换引入腾讯超级流量 IP 如《和平精英》《王者荣耀》、西山居、五粮液等各类品牌，用"彩灯＋科技"手段营造沉浸式场景体验。

第六，"彩灯＋虚拟 IP"，丰富旅游内涵。运用 AR 现实增强技术呈现裸眼 3D 视觉和互动效果，如打造虚拟 IP 形象"灯灯妹"，利用真人动作捕捉技术生成的灯会吉祥物"灯灯妹"，用科技打造彩灯文旅 IP。

第七，"彩灯＋文化出口"，链接世界文明。为实现文化出口，研发"国宝会发光"等产品系列，用彩灯＋光影方式，沉浸式讲述国宝文物故事，为文化出口打下基础。

第八，"彩灯＋科普＋旅游"，沉浸式科普教育体验。彩灯营造各类文化、历史、自然、科技、人文、民俗等主题沉浸式科普教育，走出一条"科普＋彩灯＋旅游"新路子，近几年已接待科普教育活动 80 多场，同时线上线下年均旅游人数突破 100 万人次，成为科普教育宣传的重要载体。

第九，"彩灯＋新材料新工艺应用"，助力降低能耗和碳排放。应用 LED 节能灯、太阳能新能源、水性环保涂层、模块化结构的重复利用等新技术和新工艺，降低能耗和碳排放的同时延长灯组使用周期，增强场景质感。

（四）传播策略

彩灯文化产品具有极强的复制和推广属性，目前已走进 80 多个国家、500 多个大中城市，通过彩灯这一形式，不同文化背景下的民众得以相互了解与交流，促进了世界文明之间的对话与融合，让这份源自中国的传统艺术跨越国界，成为连接世界的桥梁。

"遇见赛湖·蓝冰之约"

——赛里木湖景区品牌塑造与传播案例

一、案例概述

赛里木湖位于新疆博尔塔拉蒙古自治州境内的西南端（属博乐市行政区划），处于西天山北麓，景区面积达 1314 平方千米。它是新疆海拔最高、面积最大的高山湖泊，集山、湖、林、草、湿地、冰川等原生态景观于一体，同时还拥有浓郁的民族风情，是一个多功能综合性风景名胜区。

赛里木湖的冰是独特的旅游资源，其蓝如宝石，深邃又浪漫，还有独特的冰泡、冰堆等奇观，高山湖泊，景色宜人。**赛里木湖打造中国西部的"蓝冰之城"或"蓝冰之都"，与阿勒泰地区"中国雪都"的称号相辉映。**每年冬天，赛里木湖进入冰凝季节后，湖岸形成百里冰堤、湖畔冰塔、冰坨、冰峰、冰凌、冰帘，让人无不感叹大自然的鬼斧神工。

赛里木湖蓝冰之约系列活动在 2017 年由景区管理委员会、博州旅游局、博州文体局、赛湖旅投公司联合举办，于每年冬季结冰封湖时期举办。自 2018 年起，逐步实现市场化举办活动，至今已举办四届。赛里木湖每年冬季湖面冰封时出现的壮观冰泡奇景在中央电视广播总台新闻频道报道后，引来众多游客的关注，2019 年推出首届花灯展，举办元宵节九大主题活动，取得了万人齐欢的良好成果。

二、品牌整体策略

（一）品牌定位

赛里木湖打造中国西部的"蓝冰之城"或"蓝冰之都"，与阿勒泰地区"中国雪都"的称号相辉映。赛里木湖的冰如团团白云在变幻、在凝结，又如羊群在行走、在卧息，形态万千，变幻莫测，与湛蓝湖水相映衬。这里能为游客带来大型冰雕雪雕展示、冰上文艺演出、冰上汽车漂移表演、冰上汽车拉力赛、滑雪、滑冰、雪地摩托、雪地卡丁车、冰上自行车等冰雪娱乐项目。与众不同的冬季摄影、家庭旅拍，更让美丽的瞬间定格。

景区深挖资源优势，展现地域文化内涵，创新发展模式，持续打响"大西洋最后一滴眼泪——遇见赛湖·蓝冰之约"文旅品牌。此举旨在落实自治区党委、政府关于发挥得天独厚优势，把新疆打造成世界冰雪运动和冰雪旅游胜地的部署要求，以文促旅，以旅彰文，把赛里木湖打造成新疆旅游的一面旗帜，推动博州文旅事业的高质量融合和冰雪旅游的高质量发展。

（二）品牌策略

1. 根据市场需求，加强基础设施建设

景区按照高标准修建 92 千米的环湖公路，游客可以自驾或者乘坐区间车，一边看湖边花开成海，一边环湖游览；实现无现金交易，方便游客使用电子支付；开通智慧旅游平台，包括电子门票门禁管理系统、智能语音导览系统、智能视频监控系统、客流量分析预测系统、旅游二维码综合服务平台等功能，基本实现一部手机畅游景区。

2. 抓住体育热，举办季节性旅游体育活动

抓住体育热潮。已经成功举办 14 届的环赛里木湖公路自行车赛及马拉松赛、湖畔花海音乐节、非遗展演、摄影大赛、国际风筝滑雪邀请赛等文旅赛事活动，让全国各地的游客享受赛里木湖"旅游＋文化＋体育"大餐。赛里木湖景区一年四季旅游业态丰富多样：画舫、快艇、帆船等涉水项目，直升机、动力伞等空中项目，精致露营、自行车越野、全地形越野车、徒步探险等陆地项目应有尽有。

抢抓党的二十大胜利召开的契机，积极响应国家 3 亿人上冰雪的号召，结合赛里木湖景区滑雪场建成之际，在全疆率先推出集运动休闲、康养度假于一体的综合旅游模式。该模式涵盖山地户外运动、康养度假和休闲娱乐观光等"5A 级旅游景区＋滑雪场"国际山湖旅游度假目的地模式，推出赛里木湖"蓝冰之约"冬季旅游新 IP，形成独具赛湖特色的冬季旅游品牌。

3. 坚持生态优先，兼顾商业与环境保护

赛里木湖风景名胜区本着"最美的地方让更多人享受"原则，让赛里木湖更蓝，当地实施一系列生态保护和修复项目，绿色发展还原赛里木湖天然蓝，科学保护造就了赛里木湖景区的环境美，如今的赛里木湖正在焕发出最美的模样。同时，景区也迎来了从单一观光向文化型、生态型旅游度假区的历史性转变。

第四篇

县域及乡村振兴品牌
优秀案例

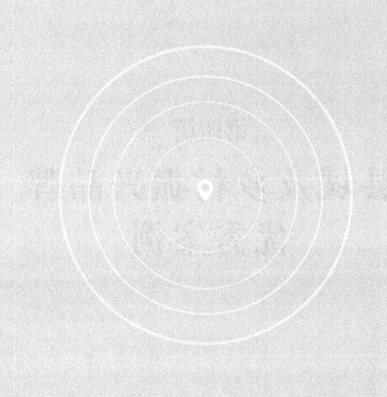

"好客山东·乡村好时节"

——山东省乡村振兴品牌塑造与传播案例

一、案例概述

"好客山东·乡村好时节"活动品牌是山东省文旅厅自2021年起，在全省范围内聚力打造的"好客山东"品牌体系下聚焦乡村旅游的公益子品牌。该品牌旨在贯彻落实习近平总书记关于乡村振兴重要指示批示精神，深入挖掘、继承、创新山东优秀传统文化，推动优秀传统文化创造性转化、创新性发展，使之成为展示和传播优秀传统文化的重要阵地，满足人民群众对美好生活向往的重要载体，乡村旅游推动乡村振兴的重要引擎。

自2021年起，山东省文旅厅共围绕"乡村好时节"体系举办主题活动50余场，引导各地同步组织乡村旅游活动2000余场，培育成立"乡村好时节"体验基地17处，打造出渔民节、夏至节、露营季等年度热点活动。这些活动得到众多媒体报道和社会各界广泛关注，构建起"全年活动不断、各地精彩纷呈"的整体活动体系，打造出"乡村好时节"特色乡村旅游公益品牌。

二、品牌整体策略

（一）品牌定位

"乡村好时节"是"好客山东"品牌体系下聚焦乡村旅游的公益子品牌，旨在激活山东省乡村四季变化明显、节气节事多元、文化底蕴丰厚的优势，以时间为经，空间为纬，重构山东乡村旅游创新发展的"时空经纬度"，营造山东乡村旅游永不落幕的"流动盛宴"；推动乡村旅游供给从"碎片化"转向"集成化"，从"节点性"转向"整体性"，从"分散型"转向"集聚型"，从"各自为政"转向"协同进化"，从而实现乡村旅游的时序化、品牌化、高质量发展，全面助力乡村振兴。

（二）品牌策略

1. 深挖品牌内涵，突出"时节"特色

品牌抓住传统二十四节气与农事生产、物候变化、民俗活动密切相关的特点，以传统的"四时八节"传统节气节日为时间线索，以季节变化为脉络，以春分、夏至、立秋、冬至等节气为切入点，培育春赏花、夏休闲、秋采摘、冬养生等为主题的乡村旅游活动。依托传统节气节日、特色节会活动和现代新兴节日，开展形式多样、内涵丰富、参与性强的乡村主题活动，构建"全年活动不断、各地精彩纷呈"的节会体系。

品牌挖掘传统节气节日的文化内涵，以根植于山东民间的大众文化、民俗文化、乡土文化为根基，注重挖掘传统节气节日的文化内涵，彰显活动的民俗性、参与性、趣味性，结合各市区位、气候、民俗特色，适时适地开展乡村旅游主题活动。从而有效激活山东省乡村四季变化明显、节气节事多元、文化底蕴丰厚的优势，唤起人民群众对乡愁的记忆，营造山东乡村旅游永不落幕的流动盛宴。同时，将各地特色乡土风貌、优秀传统文化与现代旅游需求有机结合，推动山东特色乡村文化资源转化为旅游产品、体验项目，着力解决乡村旅游产品同质化问题。

2. 以节造势，带动消费转化

品牌倡导以节造势，以势聚客，不断丰富乡村旅游的要素创新和场景体验，持续促进乡村"二次消费"供给，凸显乡村好景、好物、好宴、好宿、好活、好艺、好事等"好玩"要素；重点挖掘各地的物产、非遗手工等资源，打造"后备箱工程"，以活动带动乡村好物、好宴、好活、好艺等旅游产品的销售，提振乡村消费，促进农民增收。

3. 贯彻总体部署，赋能乡村振兴

品牌深入贯彻习近平总书记关于乡村振兴的重要指示批示精神，落实山东省委、省政府关于乡村振兴"齐鲁样板"总体部署，聚力打造"乡村好时节"品牌IP。使之成为展示和传播优秀传统文化的重要阵地，满足人民群众对美好生活向往的重要载体，乡村振兴"齐鲁样板"高质量发展的重要引擎。

4. 品牌带热活动，活动拉动消费

自2021年起，山东省文旅厅共围绕"乡村好时节"体系举办主题活动50余场，引导各地同步组织乡村旅游活动2000余场。充分利用本省自然与人文资源，培育出赏花会、露营季、夏至面、乞巧节、伏羊宴等一系列各具特色的热点活动和产品业态，获得社会的广泛参与和媒体的广泛关注。在特殊公共卫生事件期间，推出了云上采茶季、七夕乞巧活动等系列线上活动，多个活动话题在抖音等平台播放量突破千万。

2022年初，品牌以"黄河踏青""鲁风运河""长城秋韵"等为主题整合全年活动，发布了年度推荐体验活动百余场，方便大众提前了解并参与体验。针对部分有代表性的节气节日，设计推出了山东赏花地图、吃面地图、赏月地图等一批主题游地图，具象化呈现乡村旅游推荐体验地。2023年，山东省文旅厅围绕"乡村好时节·LET'S购"主题年活动，筛选150场精品活动纳入年度推荐体验名单，邀请幸运游客参与体验。

利用活动的话题性引导更多游客走进乡村，从而为乡村带来人气，拉动乡村旅游商品销售。配套开展了品牌年度优秀案例评选工作，在积极参与品牌建设的单位中选拔网红打卡地、乡村新地标、大地景观、乡村好物等优秀案例，进一步提升示范带动效果。按照"政府主导、市场运作、社会参与、全民共享"模式，以品牌带热活动，以活动拉动消费，促进省内外游客对"乡村好时节"品牌的认可、信任和体验。通过开展主题活动宣传乡村旅游产品、线路，以活动提振乡村文旅消费，不断促进农民增收，助力乡村振兴。

（三）传播效果

"好客山东·乡村好时节"结合清明、立夏、丰收节等时间节点，开展了主题活动15场。这些受到《光明日报》、人民网、新华网等中央级媒体及《大众日报》《齐鲁晚报》等近百家主流媒体官方报道和社会各界广泛关注。据统计，相关的报道累计发稿1000余篇，在山东省16个地市乃至全国受到强烈反响，点击量突破1000万次，并在抖音、微博等自媒体中视频及话题点击量达到1.1亿次，有效推动品牌传播，成功打造品牌声量。

通过"好客山东·乡村好时节"活动，先后吸引了上百万名游客到各个推广乡村活动点参与主题体验活动，带动消费影响力。同时，通过公众号"山东省乡村旅游协会"每周推送的"周末微生活"❶栏目宣传时令活动并定期举办节气主题体验活动，还推出了特色吃面和喝羊汤等"地图指南"，在游客中形成巨大的反响，也在乡村中倡导了一种新的生活方式。

---

❶ "周末微生活"为"山东省乡村旅游协会"公众号从 2021 年 09 月 10 日起，以宣传山东省在不同时令节气各地特色景点、主题活动、游玩攻略等内容的生活栏目。

"互联网式乡建网红民宿 IP 实验"

——"隐居乡里"品牌塑造与传播案例

一、案例概况

"隐居乡里"成立于 2015 年，是中国乡村生活方式运营商和县域文旅产业运营商，专注于高品质乡村度假服务的平台，挖掘本地乡村资源优势，通过孵化并运营村落品牌，实现乡村沉睡资产的盘活，提供一站式乡建解决方案，旨在为城市中高端消费者提供精品短途度假服务。**目前全国运营的乡村文旅项目有 33 个，其中包括"山楂小院""姥姥家""楼房沟""卡莎莎""花婆婆"等知名品牌，成功改造运营 300 座闲置宅农，解决当地劳动就业 300 人，创造总收入超过 3 亿元。**创办北方民宿学院，开展近 1000 场民宿服务培训；策划 100 场营地活动，服务过 30 万以上中高端客群，回归舒心、自在、轻松的乡村生活。

"隐居乡里"以民宿为切入口，9年时间里，不断探索民宿与当地自然、风物、文化的结合，依托"互联网＋本地化"运营，精心打造乡村旅游度假产品，从一间院落发展出极具创造力且可持续的乡村振兴路径，陪伴指导乡村文旅全产业全地域升级发展。

"隐居乡里"成立以来获得多项荣誉：2016年获中国饭店协会颁发"2016最受欢迎客栈民宿奖"；2018年在中国旅游风景大会上，"隐居乡里"品牌被评为2018中国旅游文创项目前20强；2019年"隐居乡里"荣获最具影响力美宿新经济50强；2020年"隐居乡里"被评为"中国国家旅游年度臻选特色民宿品牌"；2022年荣获"民宿十年"十大影响力品牌等。

旗下子品牌山楂小院获得SMART乡创峰会"2016年度最美民宿奖"；麻麻花的山坡和梧桐山分别荣获2020年中国民宿榜"黑松露奖"；楼房沟精品民宿荣获2021"雪鹿奖"乡村复兴论坛乡建年度榜样奖；师傅的山精品民宿荣获2021"雪鹿奖"目的地最佳民宿；卡莎莎上榜2021年中国乡创地图之乡村振兴创新示范度假区，并荣获2022年"雪鹿奖"乡村复兴论坛乡建年度榜样；楼房沟、梧桐山、稻田理想三个乡村度假项目，成功入选2023年中国乡创地图，其中梧桐山荣获"贵州最美民宿·田园休闲型"奖项等。在2024年第八届黑松露奖颁奖盛典上，枣花香荣获"2024年年度精品民宿奖"；楼房沟民宿获民宿产业服务"四钻"认证，成为汉中首批、留坝首家获得该认证的民宿。

二、品牌整体策略

（一）品牌定位

"隐居乡里"以民宿为切入口，探路乡村另一种生长方式，探索民宿与当地自然、风物、文化的结合，依托"互联网＋本地化"运营模式，孵化并服务中国乡村集体经济，提倡有品质的简约和有节制的奢侈，打造"互联网式乡建网红民宿 IP 实验"。

"隐居乡里"民宿项目从京郊走向全国，2015 年第一个项目位于京郊的山楂小院，2019 年第一个全国项目留坝楼房沟，集现代化设计与当地民居特色于一体，让游客既能体验到当地乡土风情，也能享受到舒适的居住环境。独门独院的设计和保姆管家式服务，让"隐居乡里"的民宿迅速走红。随着市场价值不断提升和验证，"隐居乡里"也吸引了更多的游客和社会资本，带动了县域文旅产业的蓬勃发展。

（二）品牌策略

1. 口碑营销助推品牌宣传推广

品牌在宣传推广上，**首先，做好客人的口碑传播**。民宿客人复购率达60%，大部分客人都是老客人推荐或者再次购买的。民宿前期宣传的点着重在民宿本身的产品上，以秦岭深处的野生民宿、独立小院、管家服务等作为营销的亮点。后期则侧重于打造有品质的体验活动，让活动成为客人体验的一个亮点，与民宿本身的服务相辅相成。**其次，渠道和达人**。民宿每月均会邀请达人进行体验宣传；渠道拓展也是非常重要的宣传入口，渠道包括代销渠道，研学机构渠道等。**最后，政府媒体的支持**。因为项目本身也是政府的乡村振兴样板项目，当地政府媒体和官方媒体的报道也是使民宿能快速走出去的一个重要途径。

2."隐居乡里"的多元合作与创新实践

"隐居乡里"成立以来，和30多家异业品牌合作。2021年，"隐居乡里"曾与"万邦书店·书与房"联合主办了"走读秦岭"系列品牌活动，邀请著名学者、原故宫博物院副院长李文儒和原汉中市博物馆馆长冯岁平走进留坝书房，进行了两个多小时的精彩对话。"隐居乡里"还与其他品牌积极开展合作，为游客开展了丰富的体验类活动。2021年夏，联合17家专业机构发起"隐居乡里"营地节活动，让五湖四海的小朋友深度走进乡村亲近自然；2022年，与蔚来汽车达成品牌合作，多场家庭会员日在"隐居乡里"旗下民宿展开活动；2022年3月，"隐居乡里"在留坝发起了首届"秦岭生活节"活动，邀请超20个生活美学品牌共同参与，策划近30项在野体验，旗下楼房沟、卡莎莎陆续成为《民宿里的中国》拍摄地，梧桐山多次成为综艺拍摄地，《你好生活》《风一样的女子》均在此取景拍摄，清华大学、北京银行、爱立信、延长壳牌、宝马、奔驰、锅圈、国窖、西门子、康师傅等均在"隐居乡里"旗下项目多次开展山野团建活动。

这些活动旨在通过游客的亲身参与，让游客更加了解、体验秦岭的优美生态和厚重文化。2022年3月，"隐居乡里"在留坝发起了首届"秦岭生活节"活动。这项活动联合包括味道秦岭、木工学堂、文川书房、壹和等在内的超20个生活美学品牌共同举办，策划了"山野美学家""自然创艺集""秦岭风物展""星野露营""山中诗与歌"五大活动板块，山野体验项目近30项，既包含了寻访山中古迹、了解非物质文化遗产、溯溪探险、户外露营、野餐、徒步、自然教育和山野瑜伽等项目，让游客能够沉浸式感受千万年来秦岭蕴含的魅力；体验内容也涵盖了木刻文创、植物拓染、古法蜂蜡、春花烘焙、古法蜂蜡、兰草扎染等丰富多彩的项目。整个活动持续了两个多月，有效补充了"隐居乡里"在留坝地区的旅游业态，同时也为楼房沟精品民宿带来了更多客源。

为了进一步促进留坝的旅游业发展，2020年8月，"隐居乡里"配合留坝县政府在留坝先后启动了民宿峰会、露营峰会、旅居峰会、研学峰会四大主题峰会。聚集了来自民宿、房车、文旅、设计、艺术、酒店、研学、投资、金融、渠道等领域共243家机构、281位创始人（负责人）参会，留坝县实现意向合作金额1.23亿，有效推动了留坝县文旅产业的迅速发展。

3. 以本地共生为理念，以集体经济为主导：留坝民宿产业模式探索

近年来，"隐居乡里"一直不断加深与农民农村共生互融的本地化发展模式的探索。通过陕西留坝楼房沟民宿的成功运营和模式探索，激活和带动了当地的原生资源，也推动了县域旅游的全面升级发展。留坝县也先后荣获全国首批"绿水青山就是金山银山"实践创新基地、全省首批"旅游示范县"、第四批国家生态文明建设示范县、中国生态魅力县、全域旅游精品目的地等殊荣。

"隐居乡里"在留坝发展民宿产业的路径，本质就是以本地共生为理念，坚持集体经济为主导，村民创业为基本盘，社会资本参与为补充的乡村振兴路径和实践。这种方式有效践行了留坝生态发展的思路，不断拓展和提升全域旅游的体验和价值，符合国家乡村振兴战略的指导思想，走出了一条多方共赢，良性发展的新道路。

（三）品牌案例

1. 楼房沟

楼房沟民宿项目是品牌走出京郊，向全国拓展的第一个项目。留坝是传统贫困县，距离西安有三四百千米，处于秦岭南麓，自然风光优美，山林茂盛。2019 年"起隐居乡"里在留坝县运营了楼房沟，打造集现代化设计与陕南民居特色于一体，让游客既能体验到当地乡土风情，也能享受到舒适的居住环境。单家独院的设计和保姆管家式的服务，让留坝县的民宿迅速走红。

楼房沟民宿于 2019 年 8 月 8 日开始运营，因楼房沟项目的进入，"隐居乡里"在留坝县探索建立了"公司＋扶贫社＋贫困户"的产业发展模式，带领全村农户发展"四养一林一旅游"产业。楼房沟民宿入住的客人主要来自北京、西安、成都、兰州、汉中等地，院子入住率达到 80% 以上，流水收入持续稳定。2019 年 8 月 8 日开业三个月，就火爆到一房难求，运营到 2021 年 8 月底，楼房沟 9 个民宿院子运营实现一年总收入 513 万元，其中小留坝村扶贫社实现流水分成 153 万元；此外，民宿运营的需求还带动了周边农产品的采购，拓宽了农民的增收渠道，一年内共计带动了周边经济 30 多万元的增长。与此同时，小留坝村的集体经济也显著增长，从 2017 年每户平均收入 400 元，增长到 2019 年民宿产业运营后的每户平均分红 2274 元。

楼房沟民宿由 9 座老宅改建而成，建成后的民宿资产权属归小留坝村扶贫社所有，由北京"隐居乡里"负责运营。该项目 2021 年获得全国"雪鹿奖"乡村复兴论坛乡建年度榜样奖。楼房沟民宿产业项目总投资 5000 万元，分期进行建设。一期建设了 9 个楼房沟民宿院落；二期项目主要对楼房沟一期项目中的部分院落及多功能厅和星空会客厅进行改造，打造乡村艺术馆、秦岭·白盒子之家、玉双山居；三期项目于 2022 年启动，新增两个四居室院子，目前已经建设完成，即将开始营业。

楼房沟民宿采用院落度假的模式，一个院子一次仅租给一户游客，这样一家人可以一起享受一个完整的独院氛围。在每个独立院落中，"隐居乡里"均提供管家式服务，管家都是来自当地的村民，均由"隐居乡里"创办的北方民宿学院进行专业的培训。管家的具体职责包括院子的日常饮食、客房清洁。"隐居乡里"注重培养管家的待客礼仪，力求做到专业。此外，民宿的餐饮服务也是由"隐居乡里"标准化定制的，餐饮的食材也都是来自当地土特产。

2. 卡莎莎

卡莎莎乡村度假区，位于四川盆地西南边缘小凉山区，乐山市马边彝族自治县劳动镇福来村枇杷老山顶，是一个彝汉多族群杂居的村落。卡莎莎是"隐居乡里"运营的第二十四个乡村度假项目，由中央纪委国家监委牵头，马边彝族自治县人民政府与中国旅游集团投资运营有限公司共同出资打造，"隐居乡里"负责规划、设计及运营管理。该项目属"马边福来美丽乡村产业扶贫项目"整体规划中的精品民宿区，整个规划建设有入口服务区、茶文化体验区、彝文化体验区、精品民宿区，总规划占地 30.33万平方米，其中核心区 15.13 万平方米。项目以茶产业为基础，彝茶文化为主题，以彝风彝俗文化为补充，以优美的山地景观和自然生态环境为依托，打造中国彝茶文化深度体验首选地和茶文化休闲度假村，为助力马边彝族自治县脱贫攻坚，推动县域经济转型升级及文旅产业发展，推进乡村振兴，带动群众增收致富起到重要的作用。

"卡莎莎"由彝族语"谢谢你"音译而来，意为感恩万物，可以是本地村民、管家与来客之间互为感恩，也可以是国家与政府、企业之间的互为感恩。卡莎莎乡村度假区采用原址重建方式，新建的 10 栋民宿均在原有老住宅房屋范围内，在保留了原来的石板路、老茶田、挡土墙基础上，利用原始地形，依山就势，因地制宜。建成项目主要分为两片住宿区域，精品民宿区有院落 7 套，分上下两层，两居室到四居室不等；4 套树屋，配有 1 个公共咖啡吧，共可同时接待 50 余人。

这里不只有得天独厚的自然景观，也通过挖掘本地生态与文化，倾心营造彝风彝俗、农事体验、手工艺、茶旅研学、自然野趣等度假生活。开业一年间，卡莎莎乡村度假村策划 30 余场活动，如火把节、彝族年等彝家特色，秋日颂等丰收采摘，端午节、中秋节节庆活动，乃至民宿日常活动体验。活动受到客人一致喜爱，也吸引大家积极参与到各活动中，每一张笑脸、每一声回馈都是我们不断前行的动力。

项目开发至今，已累计用工约 5000 人，给当地村民带来超百万元的劳务收入；项目投运后，先后吸纳 30 名当地村民参与项目运营，户均年增收近 3 万元；通过定向种植养殖间接吸纳劳动力，增加村合作社及村民蔬菜、肉类等原材料销售收入。从 2021 年 10 月初开业至 2022 年年底，累计营收约 400 万元，累计接待住宿客人约 2 万人次，平均入住率达到 50%。项目积极探索与村集体和村民间的深度利益连接，实施了"政府 + 公司 + 合作社 + 村民"的四级联动机制。**一方面**，通过引入新兴业态推动文化、旅游与农业的深度融合，扶持本地农产品本地销售与产业深加工；**另一方面**，通过人才招募、培训与运营，挖掘培养本土乡村人才以解决持续发展的动力问题。

为进一步增强民宿项目的吸引力，"隐居乡里"还设计补充了多元化旅游配套产品，既包括当地农产品的开发、非遗体系的搭建等有形产品，还包括多种形式的营销活动等体验产品。例如，"隐居乡里"以当地物产为载体新开发的猕猴桃汽水和香菇酱成为网红农产品，受到顾客广泛好评。2020 年，该村农产品销售收入达 20 万元。以这两个农产品为代表，形成了秦岭风物当地加工体系。未来,"隐居乡里"仍会进一步推进秦岭小农产业链的建设,设计研发更多具有当地特色的农产品,激活农产品加工业发展。

通过多年积累的运营,美学、乡创等新生活业态不断聚合于此,已初具产业集群规模。随着市场价值不断提升和验证,"隐居乡里"会继续吸引更多的游客和社会资本,持续带动县域文旅产业的蓬勃发展。

（四）传播效果

"隐居乡里"拥有一支专业的营销团队,涉及采风拍摄、新媒体运营、媒体合作、销售团队及高黏性客群运营等多维度,系统且经实践检验行之有效的营销方法,使每开一个新项目,都能够迅速打开局面,获得市场的认可,并勇立潮头。

2020年第五届留坝红叶节以"精准营销"的策略来策划红叶节的宣传推广,从媒介选择到内容制作上坚持高性价比原则,通过挖掘新的赏红叶路线、新媒体矩阵推广、每日红叶播报、优选达人、高质量内容输出等方式来布局周边省份及重点区域的精准推广,有效推动了引流,同时提升了留坝的品牌知名度。"隐居乡里"共发布文稿8篇,在新华网、凤凰网、中华网、央视新闻、新华社、隐居乡里自媒体矩阵等59个重点媒体和自媒体平台进行推广,共发布134次,阅读量总计达1 848 713次。达人宣传采风活动陆续展开,"线上持续宣传＋线下实地采风"相结合,共计19名达人参与了此次红叶节的宣传报道,累计访问量达到11 848万次。

目前,"隐居乡里"运营的官方微信公众号、微博、小红书、今日头条、视频号、抖音等新媒体粉丝数量超过30万,平均每月宣传流量合计超过50万。全国各类合作媒体200多家,涵盖电视台、电台、报纸、杂志、门户网站和各大微信公众号，产出相关报道内容 500 多篇。全国专业合作摄影师 100 多人，平均每月采风超过 10 次，产出原创优质图片超过10 万张，优质视频 500 多条。全国相关行业合作 KOL300 多人，平均每月宣传曝光量 500 多万次。全职及各类兼职编辑 100 多人，平均每月创作文章 30 篇。全国销售合作渠道 100 多个，其中与携程、去哪儿、途家、美团、小红书等主流在线旅行服务平台（OTA）实现了系统直连，下单方便快捷。此外，还管理着 50 多个微信客户社群，确保任何活动信息能第一时间推送到目标客群处，及时有效传播。

"揽树山房理想村"

——乡伴文旅集团乡村振兴品牌塑造与传播案例

一、案例概述

揽树山房理想村（以下简称"揽树"）坐落在浙江省丽水市松阳县四都乡榔树村，占地 18 000 平方米，是首个以"民宿综合体"立项的山区乡村建设项目。项目自 2016 年因需保护数十棵古树而启动建设，到 2021 年年底才全面完工投入运营，历时六年之久。"揽树"是一个典型的"九山半水半分田"山区村落。宋代诗人沈晦在《初至松阳》一诗中曾这样描写松阳："唯此桃花源，四塞无他虞"。**千年以后，云雾依旧缭绕的"桃花源"里藏着 100 多座格局完整的古村落，是华东一带乡土文化传承优秀的地区之一，被《国家地理杂志》誉为"最后的江南秘境"。**

松阳县通过"壮大集体经济"模式，实现"新老村民融合"，创造了

"上山脱贫"的新模式。"揽树"项目经历了 1580 个日夜，搬运了 50 000 多块垒石，砌筑了 280 面墙体，铺设了瓦盖 88 万片，涵盖建筑材料上百种，协调了多次因工程车辆卡在上山弯道上的问题，会审了 3000 多张图纸，合作百家供应单位，人工费近 4000 万元，其中 3000 万元是付给松阳当地的工人。该项目也是第一个拿到浙江省古村落保护基金投资的理想村项目，因其采用保护性开发方式，有效实现了自身的可持续运营。

建成之后，据不完全统计，项目运营至今，为当地村民提供 30 余个岗位，帮助实现村民第二收入。通过制定"风物篮子"助农计划，帮助销售当地特色产品，如端午茶、蜂蜜、松阳古法红糖、茶熏火腿等，期望通过项目的运营，把更多的资源和人都带到山上，实现村集体资产不断升值，让山上的村民百姓不再需要移民，并在当地发现更多的发展可能性。

二、品牌整体策略

（一）品牌定位

1. 因地制宜设计产品

"揽树"的产品设计主要由知名建筑师孟凡浩和沈钺老师负责，他们以顺应村落肌理、依势而建的方式，将传统夯土墙、百年古树和层层叠起的垒石路与现代化的无边泳池、一线云景和装进山谷的房间相结合，打造出一种中国乡村所独有的美。每种户型因地制宜，以系列的飘窗—阳台—露台设计，将人尽可能地引出室内，走到自然中去。除了丰富的公共业态，还打造了巷道、缓坡、山崖、庭院、广场等丰富的村落邻里空间，以这种建筑的小尺度拉近了空间的亲和感，重塑了山居村巷的空间印象，也构成了山居特有的鲜活而立体的乡民交流情景。

2. 目标市场定位清晰

"揽树" 的目标市场是高端、有品位、有追求、有理想的人群，他们不满足于传统的乡村旅游产品，而是寻求一种更深层次的乡村体验和生活方式。他们对于乡村的文化、生态、社区等方面有着浓厚的兴趣和参与意愿，愿意成为乡村的一分子，与乡村共同成长。

3. 产品差异化策略

"揽树" 的产品差异化策略是通过提供独特的乡村第二居所产品，满足目标市场的个性化需求和情感诉求。"揽树山房理想村" 不仅提供舒适、美观、智能的住宿空间，还提供丰富多样的乡村活动、文化体验、社区服务等，让客人能够全方位地感受乡村的魅力和价值。

（二）品牌策略

1. 借助品牌故事塑造品牌形象

"揽树" 的品牌形象塑造是通过传播品牌故事、展现品牌理念、彰显品牌特色，打造一个有温度、有态度、有影响力的乡村第二居所品牌。"揽树" 通过各种媒体渠道，如官网、微信公众号、小红书、知乎等，分享乡伴文旅集团创始人朱胜萱及其他 "山民" 的故事，展现他们对乡村生活和理想的追求和实践，传递出一种对乡村生活和理想的向往和追求。

朱胜萱是一个有着丰富城市生活经历的人士，曾涉足金融行业和媒体界。但他在 2015 年选择了放弃城市的一切，来到海拔 700 多米的废弃古村榔树村，开始了一场耗时六年的精心改造。他说："我不是为了逃离城市而来到这里，而是为了找到自己。"

除了朱胜萱，"揽树" 还有很多有趣的 "山民" 故事。例如，有一位 "山民" 叫作王磊，他是一名摄影师，他在 "揽树" 开了一间叫作 "磊影馆"的摄影工作室,专门为来这里度假的客人拍摄美丽的照片。他说:"我喜欢这里的风景和氛围,我觉得这里是一个可以让我发挥我的创意和技能的地方。"

通过"山民"的故事,"揽树"展现出了一个充满个性和活力的乡村社区形象,也传递出了一种对乡村生活和理想的向往和追求。

2. 主题活动助力营销推广

"揽树"的营销推广活动是通过举办各种主题活动、联合各方合作伙伴、参与各种评选和奖项等,提高品牌知名度和美誉度,吸引更多的潜在客户和忠实客户。

"揽树"举办过各种主题活动,如"揽树山房·诗意生活节""揽树山房·艺术季""揽树山房·音乐季"等,邀请知名诗人、艺术家、音乐家等来到"揽树山房理想村",与客人进行互动交流,分享他们的作品和心得,为客人带来丰富的文化享受。

"揽树"也曾联合各方合作伙伴,如三联书店、GEOX 鞋类品牌、信谊图画书等,为客人提供更多的产品和服务,如在"揽树"设立三联书店分店,为客人提供优质的阅读空间和图书资源;与 GEOX 合作,为客人提供适合乡村徒步的鞋子;与信谊图画书合作,为客人提供精美的图画书和亲子阅读活动。

(三)传播效果

"揽树"紧跟社交网络的时代潮流,深挖民宿的"社交货币"属性,"揽树"通过"高颜值设计 + 爆款活动",打造高颜值、高口碑、高入住率的爆款网红民宿,先后入选全球十大必睡民宿、上海"设计 100+"、江浙沪超赞美宿官方推荐"飞猪小二真选榜",荣获 IDG 国际空间设计大奖等奖项。

"揽树"已在携程特色品牌上架，点评分数均在 4.7 以上，目前门店覆盖粉丝量超过 2.5 万人，平均每个月的曝光量超过 10 000 万次，均高于同类型民宿酒店，长期上榜携程口碑榜，浙江松阳精品民宿排行前三名。同时也是小红书等平台网红热门打卡地，吸引了众多博主到店入住和打卡拍照，通过博主的分享和传播，也吸引了众多粉丝到店体验。

作为松阳县体量最大、极具特色风格和地标性度假综合体的民宿，"揽树"先后多次接待了各级政府领导参观考察，并与宝马、奥迪、玛莎拉蒂等车企合作，和时尚杂志、瑜伽机构也有深度合作，不定期开展以时尚为主题的活动和瑜伽旅修活动。与各品牌的跨界合作，很大程度上提高了揽树山房在各行业的品牌知名度。

"绿洲红城·醉美习水"

——习水县域品牌塑造与传播案例

一、案例概述

习水县地处贵州省西北部，襟川连渝，位于黔川渝"旅游金三角"核心区。全县辖区面积 3128 平方千米，辖 26 个乡镇（街道）257 个村（居），总人口 80 万人。因是红军"四渡赤水"的发轫地，加之生态良好、气候宜人，素有"绿洲红城"之美誉。习水县先后荣获全国爱国主义教育基地、全国青少年教育基地、国家生态文明示范县、国家重点生态功能区、全国森林旅游示范县、中国避暑名县、中国生态休闲度假旅游胜地、全国十佳生态休闲旅游城市等荣誉称号，入选 13 大"世界美酒特色产区"，也是 12 个全国基层卫生健康综合试验区试点县之一。2020 年，首次跻身中国西部百强县 95 位；2021 年，成功晋级中国县域发展潜力百强榜。2022

年，中国西部百强县（市）排名上升至第85位。

近年来，习水县以"旅居习水"为旅游发展战略定位，通过开展各类旅游推广活动，加强与重庆市等周边市场的合作与交流，打造了一系列的文旅品牌，推动了全域旅游的高质量发展。

二、品牌整体策略

（一）品牌定位

习水县以红色文化、酱酒文化、生态文化为主要内容，以避暑生态游、红色古镇游、寻觅酒香游、民族风情游、研学游等为主要产品，以智慧旅游平台和电商平台为主要手段，以"文、康、林、农、体、酒"六旅共融为主要模式，形成了一系列的文旅品牌。习水县的旅游产业化取得了显著的成就，不仅吸引了大量的避暑度假游客和投资兴业客商，促进了习水县的经济社会发展和乡村振兴，也提升了习水的知名度和美誉度，树立了一个优质的旅居目的地形象。

（二）品牌策略

1. 发展特色旅游业态，打造习水特色品牌

发展红色体验旅游，打造红色文化胜地。习水县深挖"四渡赤水"红色资源，推进长征国家文化公园（习水段）建设，开发一系列的红色研学旅游课程和活动，打造中国土城"红培之都"知名度。同时，持续提升习水红色旅游业态，打造土城镇青杠坡村、隆兴镇淋滩村、程寨镇石门村和良村镇后滩村四个全省红色旅游示范村。

发展酱酒文化旅游，打造美酒飘香园地。习水县依托赤水河流域酱酒原产地和主产区资源优势，打造以习水纯酿固态酿造、习水酱酒标准为赤水河谷产区代表的特色品牌，全面提升"习水酱酒"知名度和美誉度。同时，整合赤水河流域自然风光、民俗文化、红色文化旅游资源，形成以酒文化为主导的文化产业链，增强文化品牌影响力，打造与酱酒文化高度融合的地方特色文化品牌。

发展乡村避暑旅游，打造康养度假福地。习水县深度挖掘生态、气候优势，按照"清凉一夏·旅居习水"定位，以县城区、鳛创区为核心，打造一批精品避暑度假产品，结合乡村振兴战略，把发展乡村旅游作为巩固脱贫成果、实现乡村振兴的重要举措，推进乡村宾馆（客栈）提升改造，大力发展乡村休闲游、亲子游、研学游等旅游业态。

习水县文旅品牌通过发展红色体验旅游、酱酒文化旅游、乡村避暑旅游等特色业态，打造了一批具有地方特色和文化内涵的文旅产品和项目，展示了习水的历史底蕴、民族风情、自然风光等多元魅力。同时，通过整合赤水河流域自然风光、民俗文化、红色文化旅游资源，形成了以酒文化为主导的文化产业链，增强了文化品牌影响力，打造了与酱酒文化高度融合的地方特色文化品牌。这些品牌不仅提升了习水的形象和美誉度，也增强了习水的核心竞争力和区域影响力。

2. 举办多种旅游活动，丰富游客旅游选择

习水县文旅品牌通过创新开展各类旅游推广活动，加强与重庆市等周边市场的合作与交流。习水县利用互联网、人工智能、物联网等技术，建设智慧旅游平台和电商平台，提升了旅游服务的质量和效率。同时，通过举办"清凉一夏·旅居习水""寻觅酒香·品味习水""走进四渡赤水·感受红色"等主题活动，吸引了大量的重庆市、四川省等周边市场的游客前来体验。这些活动不仅丰富了游客的旅游选择，也增加了习水县文旅的知名度和影响力，促进了文旅消费和经济发展。

3. 多元传播方式助力习水品牌建设

近年来，习水县立足"红、绿、白、古"资源禀赋，大力实施"酒旅并举·富民强县"发展战略，以创建"国家全域旅游示范县"为抓手，推动旅游产业全领域、全要素、全产业链发展，倾力打造黔川渝结合部县域旅居中心。为了提升习水县文旅品牌的知名度和影响力，习水县采取了一系列的创新宣传推广方式，利用新媒体、人工智能、物联网等技术，建设智慧旅游平台和电商平台，提升了旅游服务的质量和效率。同时，习水县还利用H5、微信小程序、短视频等形式，进行线上线下相结合的宣传推广，增强了文旅信息的互动性和传播力。通过举办各类主题活动和旅游推介会，习水县向重庆市等周边市场展示了其特色文化和自然风光，吸引了大量的游客前来体验。

（三）传播效果

据统计，2021年，习水县累计接待游客1103.89万人，同比增长3.4%；实现旅游总收入107.59亿元，同比增长4.8%；其中接待国内过夜游客63.75万人，同比上升5.2%，接待红色旅游509.95万人，同比上升21%。2022年，全县累计接待游客764.74万人，恢复至2021年同期的69.3%；实现旅游总收入79.07亿元，恢复至2021年同期的73.5%，其中接待国内过夜游客75万人，同比上升15%，接待红色旅游141.2万人。2023年春节期间，全县共接待游客30.73万人，同比增长34.2%，恢复至2019年同期的84.8%；实现旅游综合收入3.17亿元，同比增长42%，恢复至2019年同期的85.1%。2024年春节期间，据习水县文化和旅游局数据统计，全县12家A级旅游景区累计接待游客165 957人，同比增长48.9%，旅游接待实现"开门红"。习水县的文旅传播效果显著，为习水县的经济社会发展和文化建设作出了积极贡献。

"清凉胜境·康养陵川"

——陵川县域品牌塑造与传播案例

一、案例概述

陵川县位于山西省东南部，地处太行山脉与河南中州平原断裂带，雄踞南太行之巅。特殊的地理位置、奇特的自然景观、优越的生态环境、丰富的人文内涵构成了陵川得天独厚、极具观赏的文旅景观和康养资源。有太行云顶王莽岭、围棋源地棋子山、户外天堂凤凰欢乐谷、洞天福地黄围山、天瀑之源卜云台、太行江南武家湾等景区景点。

近年来，陵川县按照"政府主导、企业参与、市场运作"的方式加大对外宣传，主打"清凉胜境·康养陵川"旅游形象宣传口号，将生态观光旅游和特色农业、文化产业、三产服务业发展紧密结合，精心策划打造生态休闲游、自驾探险游、乡村民俗游、古建文化游等旅游精品线路。持续开展宣传营销，知名度和影响力不断提升。先后取得了中国优秀旅游目的地、国家生态保护和建设示范区、中国最令人向往的旅游胜地、中国县域旅游品牌百强县、百佳深呼吸小城等荣誉称号。

二、品牌整体策略

（一）品牌策略

1. 强化全域布局，实现点线联动

一是科学规划全域布局。确定了"太行地区最具影响力的生态休闲康养度假旅游目的地"的发展定位，"清凉胜景·康养陵川"的品牌形象，打造太行山世界级山岳旅游区的核心片区、全国知名的避暑康养度假胜地、国家全域旅游示范区。规划构建了"一核一心，一环六区"的全域化旅游发展空间格局。"一核"为大王莽岭龙头景区核心，"一心"为县城全域旅游集散中心，"一环"为全域旅游大环线，"六区"为六个文旅康养主题片区，分别是以王莽岭、马武寨、黄围山等景区为主的地质奇观主题片区，以武家湾、凤凰欢乐谷等景区为主的湖光山色主题片区，以佛子山、棋子山、太行冰雪、自在荒野等景区为主的康养度假主题片区，以红叶景区、丈河景区、上云台景区等为主的乡村休闲主题片区，以礼义金元古建为主的古建研学主题片区，以西溪、崇安寺等为主的环县城游憩主题片区。

二是点线联动一体推进。突出王莽岭景区龙头和太行一号旅游公路纽带点和线的联动作用，一体推进全县康养陵川建设。实施了王莽岭4A级景区整治提升工程，积极创建国家5A级旅游景区、国家级旅游度假区，着力打造太行旅游板块龙头景区；实施了太行一号旅游公路沿线"百村百

院"工程，打造了浙水、松庙、高老庄、丈河等 30 个康养特色村；引进七彩太行冰雪旅游、自在荒野主题公园等特色旅游项目，进一步丰富提升"清凉胜境·康养陵川"旅游品牌。

三是加强合作区域联销。一方面，依托太行一号旅游公路，与周边县市的旅游景区进行线路串联和联动，客源共享、互惠互利。加强与晋城东站、高平东站的交通连接，并开通晋城市直达陵川县各景区的旅游公交专线。将王莽岭、黄围山、凤凰欢乐谷等景区与皇城相府、炎帝陵、柳氏民居景区等共同打造龙头景区系列；与珏山青莲寺风景区、蟒河生态旅游区等共同打造太行山水主题线路。**另一方面，**加强南太行区域旅游合作，推动晋豫两省共塑南太行品牌，互联互通，客源共享，主动对接焦作云台山、新乡南太行等景区，构建南太行旅游发展联盟，共同塑造南太行旅游品牌。

2. 突出地域特色，塑造品牌形象

一是挖掘文化底蕴，打造围棋源地品牌。围绕"陵川县棋子山是中国围棋文化的重要发祥地"这个稀缺性、独特性的文化资源做文章，举办围棋文化艺术节和世界性的围棋赛事等活动，多方位、多角度宣传扩大陵川围棋源地的品牌影响力，打造"围棋源地"品牌形象。2018 年、2021 年连续两届被中国围棋协会授予"全国围棋之乡"称号。2020 年 11 月，围棋发源地棋子山被中国侨联评为"第八批《中国华侨国际文化交流基地》"。

二是借势突出特色，打造"此生必行"IP 品牌。围绕打造太行板块，建成 136.6 千米的太行一号旅游公路，坚持"路、景、村、业"系统谋划、一体推进，围绕慢行、服务、景观、信息、农田财化彩化"五大配套系统"，实现了旅游公路到公路旅游的华丽转变，成为生态路、观光路、致富路，成功塑造了"太行一号，此生必行"IP 品牌。

三是充分发挥优势，打造清凉康养品牌。充分利用气候清凉、植被良好优势，引进了花筑、花美时、仟那等国内知名品牌，带动提升全县康养特色村和民宿的管理服务水平，实现了基础提升、景区提级、服务提标、品质提升，年接待周边及中原地区度假避暑游客 200 万人，发展农家乐、民宿、农家酒店等避暑接待 600 余人，清凉康养品牌名气日盛。

3. 创新宣传促销，浓育康养氛围

持续开展宣传营销，知名度和影响力不断提升，打造了"太行连翘节""休闲避暑节""金秋红叶节""太行冰雪节"，形成了"四季"游陵川浓厚氛围。每年 4 月定期召开中国·陵川"太行连翘节"，采取线下与线上相结合的方式，邀请全国各地中药材产业专家学者和药材企业研讨推介，共话"中药＋康养"文章，推动中药材产业扩规提质、补链强链，实现药旅融合、强县富民的目标。每年 7—8 月定期举办"休闲避暑节"，开展消夏避暑系列节庆活动，通过节庆活动和外出宣传推广，让游客切实体验 22℃的清凉一夏，避暑纳凉。"金秋红叶节"始于 1997 年，于每年 9—10 月举办，融合书画采风、土特产交易、户外运动、摄影展览等元素，是陵川县文旅康养宣传的一张"名片"，连续七年陵川以"云山幻影、红叶岚霞"被中国国土经济学会评为全国"百佳深呼吸小城"。"太行冰雪节"是陵川近年来推出的重点康养旅游项目，每年 12 月举办，依托七彩太行云上滑雪场，打造陵川国际冰雪度假区，弥补陵川冬季旅游的空白。另外各景区景点每年也会举办系列节庆活动，通过线上、线下同步推广宣传，制作了《大美陵川》《康养陵川》等宣传片，编印了《陵川旅游》《康养陵川》宣传画册。

（二）传播效果

近年来，陵川旅游在全网媒体平台上积极开展传播和宣传活动。据统计，其在抖音累计展示量超过 3 亿次；微信朋友圈广告累计展示超过 800 万次；携程、去哪儿等主流推广展示超过 300 万次。

2020 年 11 月陵川县被中国林业产业联合会公布为全国森林康养基地试点县，陵川县棋子山和王莽岭景区被中国林业产业联合会公布为全国森林康养基地试点建设单位。连续 7 届入选全国百佳深呼吸小城，2022 年王莽岭景区入选首届省级、国家级避暑旅游目的地，2022 年陵川县被确定为国家生态文明建设示范区。

自 2020 年以来，太行一号旅游公路陵川段自驾游线路在抖音短视频平台上迅速走红。到了 2021 年，"此生必行，太行一号"成为全国十大网红打卡地之一。随后在 2022 年，太行一号"音乐公路"继续保持着热度，成为新的网红打卡地点，其影响力在网络上全面爆发。

"冰天雪地，美好生活"

——塔河县域品牌塑造与传播案例

一、案例概述

塔河县隶属于黑龙江省大兴安岭地区，旅游资源丰富，以"界江森林、极致冰雪、黄金古驿、鄂乡传奇"闻名，但受困于全国交通链末端，尽管旅游市场消费潜力巨大，却面临发展困境。虽然塔河县与知名的漠河市相距仅200多千米，但相较于漠河市，塔河县的知名度较低。2020年，塔河县文旅局长都波在各大新媒体平台创建账号"傻嘟嘟"，通过短视频展示推广塔河乃至大兴安岭旅游风光。塔河夏天郁郁葱葱的原始森林、冬季踏雪赏冰的浪漫景色，通过她的镜头传递了出去。

2023年2月15日至2月20日，"傻嘟嘟"抖音账号先后发布"森林的主人"和"白鹿仙子"等鄂伦春民族变装视频，因视频中华美的鄂伦春民族服饰与冰雪、白桦林形成极具反差的视觉效果引发关注。20日《人民日报》在新浪微博首发《宣传鄂伦春民族文化，塔河县文旅局局长雪中化身"白鹿"》，随后《中国日报》《人民政协报》《环球时报》等130余家官方微博转载，引起"文旅局长零下20摄氏度穿长裙代言家乡"等多个话题，并连续多日冲上多个平台热搜榜。当月累计全网曝光量30多亿次，越来越多的网友被塔河小城"种草"。这意味着，越来越多人开始关注塔河，当地文化和旅游消费真正开始线下转化。

二、品牌整体策略

（一）品牌策略

1. 借流量东风深耕解锁"新时代"

自2020年起，都波在各大新媒体平台上创建了"傻嘟嘟"账号，旨在让塔河县广为人知，并希望通过这种方式带动整个地区的快速发展。四年来，网友留言最初是"第一次听说塔河"，现在更多的人说"看了视频想去塔河"，边陲县城借上了流量东风。

在2023年鄂伦春族下山定居70周年庆时，鄂伦春族文化已发展成为当地的重要旅游资源，为此，都波策划发布系列鄂伦春民族文化、非遗项目相关内容。都波局长，穿着鄂伦春民族服饰，演绎"森林的主人"代言家乡视频冲上热搜，在全网爆火走红。随着事件的发酵，"鄂伦春""塔河""冰雪"等迅速成为短视频热词，引发了全网对塔河的关注，为塔河县及大兴安岭的冰雪旅游宣传、民族文化展示增添了极大曝光量。

2. 乘势而上，文旅宣推注入"新动能"

视频走红后，塔河县第一时间召开专题会议，乘势而上、趁热打铁，全面宣传推广好塔河的自然资源、人文特点、产业发展等方面的优势和成果。会议上，决定邀请国内专业营销团队来县里实地考察、洽谈合作，借助专业化团队对热度的研判，打造适合塔河运营的文旅短视频营销模式。同时，计划借鉴"丁真效应"，打造特色化的塔河旅游 IP 品牌，对塔河的历史、文化进行集中宣传，让全国人民更多认识塔河、了解塔河。

"白鹿仙子"视频的爆火让都波抓住机会，白桦林、白雪和白鹿服饰这三个元素，在镜头里凑在了一起，就受到广大网友的高度关注。都波的这些操作，换来了火爆的"旅游热"，事件发生后全网"塔河"的搜索量不断飙升。趁此热度，"傻嘟嘟"又发布了之前爆火视频"雪地火箭"的3.0 版本，视频发布后连续三天位居哈尔滨地区热榜前三名，播放量超过3000 万次，点赞量超过 51 万。

3. 县域经济发展紧跟"新机遇"

各地文旅局花式内卷霸榜短视频，热闹营销的背后，是各地文旅行业苦练内功、势出精品的决心。塔河深入挖掘本县更多适合民族服饰旅拍的特色景点，持续拍摄一些带有地域特色的视频来延续热度，进一步提升塔河旅游的知名度和影响力。同时，全面开发塔河县特色景区景点资源，做好相关配套服务设施，全力打造集婚纱摄影、冰雪摄影、民族服饰旅拍于一体的摄影基地。塔河全面推出系列报道和系列短视频作品，重点宣传塔河的特色文化，尤其是独特的鄂伦春民族文化，以及塔河的美景、美食，充分展示塔河的独特魅力。

都波说："我以对家乡的热爱为不变，应对时代发展的万变。除了宣传推广，接下来我们也要做好旅游市场的规范、服务质量的提升，把流量转化为客流量，把'头回客'变成'回头客'。"

现在的都波是"龙江文旅推介员"，也是"全国冰雪旅游推荐官"。近日，这个"最拼"文旅局长，先后亮相"百家媒体助力黑龙江文旅品牌宣推活动"、浙江卫视和无忧传媒举办的"向美好奔赴"2023网生力量年度盛典、新华社民族品牌工程办公室与《中国名牌》杂志社联合主办的"首届中国乡村振兴品牌大会"等多场媒体活动。尝试用线上和线下结合的方式，引入资源助力家乡的文旅产业发展和乡村振兴事业。

4. 深耕民族文化，话题营销助力塔河品牌

塔河县文旅局积极与专业团队合作，深入挖掘当地鄂伦春民族文化，大力开发设计民族风格浓郁、文化内涵丰富的鄂伦春元素文创产品，促进非遗传承项目产品向批量化、产业化发展集聚。同时，承借鄂伦春下山70周年庆典活动契机，全方位、多角度地进行宣传推介，提升塔河县文创产品的知名度。

塔河县依托大兴安岭特色旅游资源和最北最冷的地缘优势、鄂伦春聚居地的民族环境；借助都波局长展示鄂伦春民族服饰视频爆火，全网当前对冰雪文化和民族服饰超高关注的有利时机；以民族服饰为载体，结合塔河县景区景点资源，将大兴安岭特色文化旅游打造成为全省对外宣传的优质名片，抢抓旅游市场机遇。充分展示黑龙江省优质冰雪资源、特色民族文化和冰雪旅游新业态，让民族特色旅游话题持续发酵，于2023年3月23日在大兴安岭地区塔河县举办黑龙江首届"时尚春雪节"——塔河鄂伦春文化服饰实景展演活动。

在冰天雪地中打造、演绎的这一台融合了自然生态，集传统与时尚元素于一体的时装秀，是一场"创意与冰雪""民族与生态"相交织的视觉盛宴。 鄂伦春服饰实景展演活动的反响超出预期，《人民日报》《光明日报》、新华社、新华网、央广网、新浪网等全国各大媒体的广泛发布转载，《黑龙江塔河刮起"最炫民族风"》《探访大兴安岭腹地鄂伦春族"最后的猎人"》《人这一辈子，一定要去一趟塔河》等吸睛新闻的相继推出，活动的关注率、点赞量一度爆棚。借助这波流量，塔河的鄂伦春民族文化和冰雪旅游彻底火了。

塔河鄂伦春服饰实景展演在塔河县十八站萨吉满盛山的成功举办，让全国乃至全世界看到八万里寂静林区的生机与活力，看到祖国最北最冷向发展聚焦聚能的信心与决心。塔河以民族变装视频火爆全网为切入口，抓住省文旅厅举办'时尚春雪节'的机遇，通过积极争取、策划设计，适时推出'冰雪＋民族'的旅游营销新模式，依托鄂伦春服饰实景展演，继续宣传、推介塔河的旅游资源，为塔河和大兴安岭的冰雪旅游热再'添薪加火'。

（二）传播效果

在"森林的主人""白鹿仙子"等鄂伦春民族变装视频爆火后，《人民日报》发布题名为《宣传鄂伦春民族文化，塔河县文旅局局长雪中化身"白鹿"》的文章，力挺塔河县文旅局局长积极宣传家乡的事迹，一时间，"北国好风光美在黑龙江""民族风情""旅游'超话'""文旅局长零下20度穿长裙代言家乡"等话题冲上多个平台热搜榜，前三日微博阅读量每天超过 1.2 亿次，并被 130 余家官方微博转载，全网声量最高峰出现在 2023 年 2 月 22 日，后续报道主要来源于新浪微博、抖音、快手、小红书、微信、搜狐新闻、百度百家、企鹅号等几大站点的国内和海外版平台，数百名大 V 助力推广。

携程数据显示，涉及塔河的旅游产品近 30 日整体旅游预订环比前一个月增长 97%，酒店预订环比增长 51%。微信"塔河县"整体搜索指数上涨 3364.59%。有网友说"之前只打算去漠河北极村，看到傻嘟嘟的视频，就顺便来塔河看雪景，太震撼了。"美团的数据显示，黑龙江塔河近一个月在大众点评、美团平台上的搜索量比去年同期增长 112%，整体旅游订单量环比增长 66%，交易商户数增长了 56%。其中，游客异地订单量环比增长 60%，这种"旅游热"为本地实体店拓展了新销路。这意味着，越来越多人开始关注塔河，当地文化和旅游消费真正开始线下转化。

"宝桢故里，洞天织金"

——织金县域品牌塑造与传播案例

一、案例概述

织金·平远古镇（原织金县古城东片区）项目位于贵州中部偏西，距离贵阳 90 分钟车程，距百里杜鹃 50 分钟车程，距黄果树瀑布 60 分钟车程，与织金东高速出口相距仅 500 米，紧邻织金洞国家 5A 级景区，与织金古城城区无缝连接，位于城区繁华地段，却自成幽境；项目区位优势明显，属贵阳 1 小时经济圈，更是贵州中西部旅游线上的重要节点。

织金·平远古镇项目规划用地 136 万平方米，总建筑面积 26.5 万平方米。项目以"一核、一街、一环、一带、两轴五门、六大文化空间、两大服务功能区"为总体空间结构，围绕"文化 + 旅游 + 休闲度假 + 商业 + 产业"植入业态，构建文、旅、商、产大平台，致力于打造成知名旅游目的地与集散地。项目建设期间带动约 2000 名含建档立卡在内的贫困户就业，助力了织金按时高质量打赢脱贫攻坚战，试运营阶段提供保安、保洁、酒店服务员等约 500 个就业岗位，间接带动数千人增收致富，为全面建成小康社会作出了积极贡献。项目曾荣获"贵州省十大旅游新地标第二名"，入选贵州确定的 19 个省级旅游休闲街区，并被评为省级夜间文旅消费集聚区、贵州省文旅融合示范项目。织金饭店试运营以来受广大游客的好评，获抖音授予"美好打卡地"之称。

四、品牌整体策略

（一）品牌定位

钟灵毓秀的织金，周围青山叠翠、孤峰棋布，织金河与贯城河穿城而过，因丰富的地下水形成上百口井泉喷涌而出，遍布城区，有"山水之城、百泉古镇"的美誉。平远古镇正坐落于喀斯特秀丽群山之间，金钟湖、东山湖、三潭滚月、双堰塘（鱼山湖）环伺周边，凉江河、织金长河两条水系绕镇，集织金名山、名水，有着不可复制的山水自然环境优势。可以说，平远古镇的出现，体现了当代中国的繁荣昌盛与文化自信。

平远古镇以"文旅融合、活化历史；文商融合、活化古镇；商旅融合、活化经济；城旅融合、活化织金"为基点，"阳春白雪"与"下里巴人"兼备为统筹，把平远古镇打造成"人间烟火"味道十足的古镇。通过加大对旅游精品景点和旅游产品精品的深度开发，让更多的民间文化、产品与旅游业发展结合起来，实现文化促进旅游、旅游带动文化、文化旅游共同推动产业发展的美好愿景。

平远古镇沿袭古代平远府城的城市空间格局，以"城"的形态呈现，以"宝桢故里""洞天织金、邂逅之城、烟雨古镇"为主题展开。结合织金深厚的历史文化底蕴，深挖织金历史文化，包括织金古建及古民居建筑特点、织金传统饮食文化、织金地方戏曲文化等，一一融入其中。**古镇建设充分尊重和保护自然山水资源，以灵山秀水为画轴，借"百泉古镇"之美誉，遵循显山露水、彰显乡愁的原则，精心打造小桥流水人家的意境景象。**采用江南园林手法重点打造园观节点，星罗棋布于古镇，做到一步一景，景景相连，小园林成串，大景观成片，以小街区大广场相结合的模式，让这些古建筑亲水而筑、显山而建，利用"三房一照壁，四合五天井"的平面组合，进退有致、高低错落，结合织金古民居元素，进行古建筑的精雕细琢。把园林引进"五天井"，人在其中，尽享"院内静看花开花落，出门即步小桥流水"的绝佳意境。

（二）品牌策略

1. 沉浸式情境表演，以"旅游＋演艺"融合民族风情

旅游演艺是文化和旅游融合发展的重要载体，通过其丰富且创新的表现形式，为广大游客呈现出本地的历史文化、时尚文化等多元文化的体验。平远古镇与织金县文化馆、毕节市乌蒙演艺集团等多家演艺公司相合作，将文化演艺融入景区，开创了文化旅游演艺新形态。

织金县拥有浓郁且底蕴深厚的民族文化，包括苗族的跳花坡和芦笙舞、彝族的火把节、布依族的情歌及穿青人的"傩戏"等，这些丰富多彩的民族民间文化活动各具特色。平远古镇通过"沉浸式情景表演＋互动"的体验形式，将织金的历史文化、旅游景点和民族风情等元素融入演出之中，生动地展现了织金的艺术魅力。这种"旅游＋演艺"的融合模式不仅为当地群众和游客提供了独特的文化体验，也为平远古镇带来了显著的社会效益和经济效益。

2."旅游 + 文化"打造一战式的体验文化

平远古镇文创孵化园，集织金特色文化、非遗传统文化、现代文化艺术等于一体，形成文化产业矩阵，使平远古镇成为织金对外文化输出、城市形象、城市品牌的展示载体。古镇内"指承蜡染刺绣体验馆"作为织金国家级非遗蜡染刺绣的生产、展销、传播平台，更是织金非遗文化产业的重要载体，多次举办关于蜡染、刺绣学习活动，让游客亲自体验蜡染、刺绣的制作，感受织金非遗文化的魅力。

此外，平远古镇国学艺术馆在守好乡愁古韵的基础上，深入挖掘整理优秀文化艺术，多次举办奇石博览会、书画交流会，让市民、游客"一站式"体验多样化的文化项目，既让当地人记得住乡愁，也让外地人了解当地的历史文化特质，感受到大山深处的自然之美、人文之美，从而吸引、导入来自全国的客流，促进经济效益发展。

3."旅游 + 体育"激活旅游消费

体育与旅游相关产业的融合，不仅为体育的发展激发了新的活力，也为旅游产业的创新转型提供了新方向，加快体育和旅游产业发展，促进体育和旅游消费。

平远古镇坚持推动体育旅游融合，把体育旅游作为增强全面健康的重要形式，结合当地旅游资源，举行全民健身健步走、荧光夜跑、搏击文化旅游节等多场体育活动，通过活动的举办扩大了织金的影响力与知名度，促进平远古镇的旅游服务设施的建设。

4. 产品策略达成长尾效应

一个景区最基本的产品就是景区本身。平远古镇作为一个景观性的景区，其自然风光与人文景观都是无与伦比的。除了自身丰富的旅游资源外，还拥有许多的特色食品，如有名的"荞凉粉""发粑""洋芋片""皂角米"等一系列特产。在景区进行宣传的同时，不仅可以吸引游客，还能抓住那些热爱美食的"吃货"的心。

除了食品，纪念品也算是景区的另一个特色产品，平远古镇目前暂无旅游纪念品。因此，可以对根据平远古镇特色设计出相应的旅游纪念品，使其在体现现代感的同时，兼具古镇地域文化，赋予其更多的文化内涵，增加游客的购买欲望。同时，游客把纪念品带回家，也是对古镇的另一种宣传，具有良好的连锁效应。

5. 健全"智慧服务"，打造"智慧景区"

智慧景区是指通过智能网络，对景区地理事物、自然资源、旅游者行为、景区工作人员行迹、景区基础设施和服务设施进行全面、透彻、及时的感知；对游客、景区工作人员实现可视化管理；同旅游产业上下游企业形成战略联盟；实现景区环境、社会和经济的全面、协调和可持续发展。自2014年"智慧景区"的概念提出以来，各个景区纷纷开始进行智慧景区建设，平远古镇也应该在这方面加快建设的速度。

（1）游客侧写。 景区可以通过票务实名制等渠道获取游客信息数据，对游客性别结构、年龄分布、消费能力、行为习惯等数据进行多维度统计分析，可以绘制游客画像、揭示游客特征；也可以对市场需求做精准分析，从而制订以游客和市场需求为导向的景区营销和竞争策略，还可以为景区的客群定位、商业业态优化和市场营销提供决策辅助。

（2）景区管理。 景区应该收集有关景区景点基本信息、关键部门联系人、票务信息、行政及市场监管动态（包含投诉、差评、行政执法和处罚信息等）、相关舆情及游客评价信息、景区评级等信息，并且在网络平台上实时监控，一旦有问题产生，也可以及时解决。而在景区商户和旅行社方面，景区应该对他们进行信息化管理，对于景区商户，要了解商户基本信息、负责人、主营产品、市场监管动态、游客评价信息、信用评级信息等；对于各个旅行社，要收集旅行社基本信息、经营资质和年检信息、联系人、产品信息、旅行社信用评级信息等。只有这样，才能对景区的商户和旅行社有一个全方面且有效的监管，也有利于提高游客的旅游体验，加强口碑宣传。

景区应对旅游产品进行信息化管理，对合作旅行社及周边商户的主要旅游产品进行台账管理和跟踪调查动态管理，以优化旅游环境，维护稳定、诚信的旅游市场和竞争环境。应纳入管理的旅游产品类型可包括景区、景点、演艺票务等各优惠票种，旅游交通、停车场服务、导游服务、酒店住宿、餐饮、主要特产等；应纳入产品管理的内容应包括供应商、类别、品名、物价局定价、实际（淡旺季）售价、渠道分销价、游客评价等。

景区应建立健全智能化服务设施设备，向游客提供智慧化的导航、导览、导游、导购服务。建立呼叫中心，向游客提供在线及话务咨询、投诉受理服务；并且景区应积极探索旅游诚信机制，以改善旅游环境、保障游客权益。

（三）传播策略

为充分发挥"平远古镇"试运营后资源集中、专业集成的优势，织金古城公司统筹全局，通盘把握，策划开展"邂逅织金系列""各节气景色系列"等多种拍摄主题。在选材上，横向贯通平远古镇内景色，提供多层次，全方位背景材料，形成适合自身定位的素材。在策划上，根据各部门制定的工作排期计划表，积极与新媒体部门对接沟通，确定最优拍摄时间点；在队伍建设上，提前培训相关拍摄人员，开展实战练兵，向各大景区同行取经，提高自身宣传能力。

对全媒体渠道进行布局，建立完善的横向传播矩阵，直达全渠道终端对客群进行宣传，利用漏斗式运营来转换流量，聚焦所有流量进入古城公司私域流量池（即自有平台）；横向矩阵包括自有网站、小程序、线上商城和各类新媒体平台，如微信、微博、抖音、快手、今日头条、搜狐网、小红书等，这些外部平称为外矩阵。

（四）传播效果

平远古镇现已组建了完善、成熟的新媒体团队，建立了20余个平台构成的新媒体矩阵，与抖音、快手、花椒直播建立了战略合作。新媒体中心在12个渠道（抖音、快手、微博、小红书、微信公众号、微信视频号、今日头条、搜狐、百家号、马蜂窝旅游、哔哩哔哩）不定期更新视频、文章，2022年平远古镇短视频和文章获得的总曝光次数约4000万次。

央视财经频道记者到织金进行拍摄，了解平远古镇旅游景区建设促进当地经济发展情况。

此外，"黔边新貌——走进毕节"由毕节市旅游记者现场直播平远古镇园区建设情况，直播在线观看约20万人次，成功塑造网红打卡点，传播织金旅游城市品牌。

乡村"白+黑"

——竹洞村乡村振兴品牌塑造与传播案例

一、案例概述

广州花都竹洞村是一个拥有 300 年历史的古村落，位于赤坭镇中部，建于清康熙年间，因周边遍植修竹而得名。竹洞村生态环境优良，自然资源丰富，主要产业是盆景、苗木花卉种植，形成了独特的山水林村景观。竹洞村紧邻邵花高速，距离广州市区半小时车程，交通便利，有利于发展高附加值农业及旅游业。竹洞村内现有洪熙官故居遗址及多个宗祠资源，广府民居保留着传统梳式布局。拥有高端盆景园（逸翠园）、黄花风铃木风景区，洪熙官故居遗址、打鼓岭、时花种植基地等资源。

近年来，花都区以国家城乡融合发展试验区建设为契机，扎实推进美丽生态建设，大力发掘乡村特色资源禀赋，规划建设涵盖 2 个镇 20 个村

的 "花漾年华" 乡村振兴示范带, 打造集 "农、文、商、旅" 于一体的绿色生态廊道。竹洞村作为示范带的重要组成部分, 将率先打造乡村振兴与城乡融合领域高质量发展的 "广东样板"。

竹洞村以盆景产业为特色, 打造集 "吃、住、行、游、购、娱" 于一体的田园综合体示范点, 民宿、农家乐、电商园等设施也正在紧锣密鼓地建设之中。竹洞村还以洪熙官故居遗址为核心, 打造了《竹映洪拳》文化演艺项目, 利用光影秀、水幕投影等高科技手段, 展现了洪熙官的传奇故事和洪拳的魅力。此外, 竹洞村还开发了夜游项目, 在夜晚打造不同于白天的美丽乡村风光。夜游项目包括夜间观赏盆景园和黄花风铃木风景区的灯光秀; 夜间参观洪熙官故居遗址和宗祠资源, 并欣赏《竹映洪拳》文化演艺项目; 夜间品尝农家菜和竹笋火锅, 体验乡村生活。夜游项目不仅丰富了游客的旅游体验, 也延长了游客的停留时间, 提高了旅游收入。可以预见的是, 未来文旅产业的发展将为村子带来源源不断的游客和资金, 并通过合作社的形式, 让这些资金留在村集体和村民之中。

竹洞村是一个充满活力和创新的乡村, 它以乡村振兴为目标, 以城乡融合为路径, 以文旅产业为抓手, 以夜游项目为亮点, 打造了一个绿色、美丽、富裕、和谐的新农村。 竹洞村的发展不仅提升了乡村经济、文化、生态等方面的水平, 也为广东乃至全国的乡村振兴提供了一个成功的范例。

二、品牌整体策略

（一）品牌策略

1. 科技赋能文旅, 打造乡村 "白 + 黑" 发展模式

广州花都竹洞村乡村积极履行社会责任, 为助力花都区乡村振兴建

设，捐建竹洞村文旅夜游项目。充分利用本土历史人文和自然资源，以科技赋能文旅，打造乡村"白+黑"发展模式。通过创新沉浸式文旅夜游助力乡村振兴，不仅讲好了竹洞村的文化故事，更让游客参与、沉浸其中，在体验互动中自发成为主动传播、主动分享者。通过"宣传推广+沉浸式光影夜游"新体验，竹洞村打造起"洪熙官故里"的特色文化风景线，成为当地远近闻名的"网红村"及乡村旅游特色品牌。竹洞村也迎来了花都"微度假"旅游目的地的新机遇，有力地带动周边酒店、民宿、餐饮等旅游产业及各种丰富的夜经济配套项目的发展。此外，项目的公益宣传效应也为其带来了较高的社会影响力。

自 2022 年国庆期间水幕光影演艺《竹映洪拳》的公演后，竹洞村人气大涨，成为抖音等新媒体、自媒体本地热门旅游推荐目的地；项目也因此受到《人民日报》《广州日报》《南方日报》、广州广播电视台、花都融媒体等权威媒体的关注及全方位深度报道，引发了较高的社会关注。

竹洞村项目充分发挥了"当地政府+知名企业"联合的力量，以特色洪熙官洪拳文化底蕴为核心，依托优质的盆景、花卉农业资源及山水田村的生态基底，以乡村振兴战略为指导，发展特色农业种植及都市旅游业两大支柱产业，拓展农业的生产、生活、生态和教育四大功能，延伸文化观光和体验两大功能，将村庄建设成集生产、居住、休闲旅游为一体，集特色文化及夜游体验、特色农业种植、观光度假于一体，兼有城市生态补充和市民体验农业与文化等多种功能的社会主义现代化都市村庄。从而促进乡村旅游业态的融合发展，提升竹洞村文旅产品格局，促进城乡融合发展，畅通城乡要素流动，推动经济实现质的有效提升和量的合理增长。

2. 夜间项目推陈出新，多元消费市场带动夜经济

夜生活、夜经济的蓬勃发展，更是将乡村映衬得更美丽，目前的竹洞村已成为美名远播的"网红村"。一到节假日有演出的夜晚，村庄内及附近停满了游客的车辆。竹洞湖也从曾经烟尘滚滚的"废矿石坑"变身为一个流光溢彩，夜市经济兴旺的人气网红聚集地。

竹洞村的夜间客流量有力地带动了周边酒店、民宿、餐饮等旅游产业及各种丰富的夜经济配套项目的发展。竹洞村的夜间项目也正在不断推陈出新，形成了夜食、夜游、夜演等在内的多元夜间消费市场：夜幕下的竹洞村，也一改昔日的"黑屏"模式，目之所及，无不是流光溢彩；夜市经济兴旺，花式练摊热闹，孩童嬉闹、游客谈笑声不绝于耳；不远处的竹洞湖水面薄雾升腾，水幕光影演艺《竹映洪拳》携满满武侠风惊艳亮相，在唯美光影的点缀下美不胜收，让乡村的夜色格外美丽。光影、艺术、科技等这些以往并不与农村相连的元素在这里高度融合、沉浸，让村民和游客有更好的夜游体验。

竹洞村夜游项目不仅丰富了游客的旅游体验，也延长了游客的停留时间，提高了旅游收入。同时，竹洞村夜游项目也为乡村振兴整体品牌的建设和传播提供了有力支撑。通过夜游项目，竹洞村成功塑造了一个充满活力和创新的乡村形象，展示了乡村振兴与城乡融合领域高质量发展的"广东样板"。竹洞村夜游项目还有效传播了乡土文化和民族文化，弘扬了中华优秀传统文化，增强了乡村文化自信。未来，竹洞村将继续以乡村振兴为目标，以城乡融合为路径，以文旅产业为抓手，以夜游项目为亮点，打造一个绿色、美丽、富裕、和谐的新农村。

（二）传播效果

1. 竹洞村火速出圈，村庄知名度扩大

随着明道集团捐建及总制作的夜游项目的正式运营，竹洞村火速出圈，成为花都微度假"热门打卡点"及"网红村"，有力地提升了村庄的知名度，带来了大量的客流量，拉动了周边酒店、民宿、餐饮等旅游产业及各种丰富的夜经济配套项目的发展。据不完全统计，2021年竹洞村成功为30余万游客提供了优质的旅游服务。竹洞村的客流量从原先的日均约100人次，增长到日均约12 000人次。2022年国庆期间，竹洞村观看演出的人流创下了村里晚间客流量最高峰，单日客流量超过20 000人次。2023年在黄花风铃木最盛的季节，竹洞村每天有超过3万名游客慕名前来。现在竹洞村盆景苗木种植总面积达500亩，年产值达8000万元，开展盆景、花卉栽培技能培训500多人次，开展农村电商培训60多人次。

竹洞村从极为冷清，游人稀少，既无"流量"，也无"留量"的偏僻乡村，逐渐成为"望得见山，看得见水，留得住乡愁"的特色文化旅游品牌。

2."微度假"获高流量，媒体报道引关注

特殊公共卫生事件时期，短距离的"微度假"迎合了市场和游客需要。灯火通明的"夜经济"，体现乡村的"软实力"。项目也因此受到《人民日报》《广州日报》《南方日报》、广州广播电视台、花都融媒体等权威媒体的关注及全方位深度报道，引发了较高的社会关注。2023年中秋国庆假期，竹洞村已接待游客约37 000人次，来竹洞村观看演出的人流量创下了村里客流量最高峰，让这里，一跃成为花都最燃的打卡点，也让竹洞村迎来了广州花都"微度假"旅游目的地的新机遇。